KB152750

Airfare Introduction

항공사 운임개론

교재 소개

항공 산업은 가장 크고 빠르게 성장하는 산업 중 하나이며 이미 수많은 항공업 종사자가 있다. 전 세계에서 4번째로 큰 산업으로 수년 동안 지속 성장할 것으로 기대된다.

운임과 발권에 대한 이해는 비슷한 일반 교육 과정들보다 항공 전문가가 될 수 있는 더 많은 기회를 부여할 수 있다.

승객에게 항공 운임과 규정을 설명하면서 더 나은 서비스를 제공할 수 있으며 실수를 방지하고 잘못 계산된 항공 운임으로 인한 수수료나 추가 비용 등을 줄일 수 있다.

항공사의 운임 정책에 대한 정확한 이해를 통하여 회사의 수익 증대와 영업 능력 향상에 기여할 수 있는 인재상으로 발돋움 할 수 있다.

항공사 운임 개론은 항공권 정보와 운임 규정을 이해하는 능력을 향상해 줄 것이며, 자동 운임이 적용되지 않는 여정에 대한 전문 지식은 발생할 수 있는 오류들을 방지하거나 승객에게 가장 저렴한 최적의 운임을 제공할 수 있다.

이 교육 과정을 통하여 당신은 이 역동적인 항공 산업에서 더 효과적인 국제 항공 전문가로서 거듭나게 될 것이다.

Contents

Chapter 01

지리학적
위치와 방향 지표

01
지리학적 위치와 방향 지표

 개요

- 항공 운임을 결정하는 여러 요인 중 가장 기본적인 지리학적 구조에 대하여 살펴보고 운임 적용에 영향을 미치는 요인들에 대하여 살펴 보자.
- 승객은 원하는 목적지까지의 여정을 계획할 경우 다양한 방법으로 목적지에 도착할 수 있다. 다양한 항공사를 통하여 직항, 경유등을 선택할 수 있으며, 대서양을 건너서 가는 여정, 태평양을 건너서 가는 여정등 여정의 방향이 다르게 목적지에 도달할 수도 있다.
- 승객이 서울에서 LA로의 항공 여정을 잡을 경우 태평양을 횡단하는 여정과 대서양을 횡단하는 여정의 운임은 매우 차이가 날 수 있다.
- 여정의 방향은 항공 운임에 영향을 미치며, 가장 최적의 여정과 운임을 산출하는 것이 항공 전문가로서의 역할이다.

1 IATA 지리적 구분

- 항공 운임과 규정은 일반적으로 IATA 지리적 지역과 글로벌 지표에 따라 규정한다. 올바른 운임과 규정을 확인하는 가장 중요 사항은 각 도시와 국가의 IATA 지리학적 위치를 정확하게 파악할 수 있는지에 달려있다.
- IATA 운임 설정 과정은 "Traffic Conference Areas"라고 불리는 TC1(Area 1), TC2(Area 2), TC3(Area 3)로 구분한다.

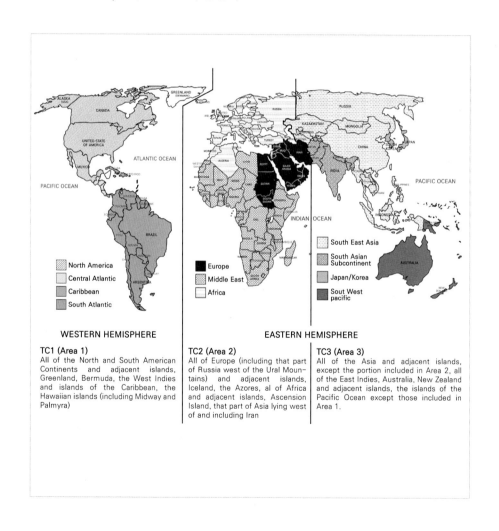

WESTERN HEMISPHERE

TC1 (Area 1)
All of the North and South American Continents and adjacent islands, Greenland, Bermuda, the West Indies and islands of the Caribbean, the Hawaiian islands (including Midway and Palmyra)

EASTERN HEMISPHERE

TC2 (Area 2)
All of Europe (including that part of Russia west of the Ural Mountains) and adjacent islands, Iceland, the Azores, al of Africa and adjacent islands, Ascension Island, that part of Asia lying west of and including Iran

TC3 (Area 3)
All of the Asia and adjacent islands, except the portion included in Area 2, all of the East Indies, Australia, New Zealand and adjacent islands, the islands of the Pacific Ocean except those included in Area 1.

① Traffic Conference Area 1(TC1)

- 서반구에 해당하는 지역으로 운임 설정 시 2가지 sub-area로 구분한다.

◉ 분류1

- **북아메리카**(North America)

  캐나다(Canada: CA), 멕시코(MEXICO: MX), 미국(USA: US),
  ST. 피에르&미클롱(ST. Pierre & Miquelon: PM)

- **중앙아메리카**(Central America)

  과테말라(Guatemala: GT), 코스타리카(Costa Rica: CR), 엘살바도르(El Salvador: SV),
  온두라스(Honduras: HN)

- **캐러비안 지역**(Caribbean Area)

  바하마(Bahamas: BS), 가이아나(Guyana: GY), 카리브 제도(Caribbean Islands)

- **남아메리카**(North America)

  아르헨티나(Argentina: AR), 에콰도르(Ecuador: EC), 페루(Peru: PE), 브라질(Brazil: BR),
  칠레(Chile: CL) 베네수엘라(Venezuela: VE)

◉ 분류2

- **북대서양**(North Atlantic sub-area)

  캐나다(Canada), 그린란드(Greenland), 멕시코(Mexico, MX), 알래스카(Alaska, US), 하와이(Hawaii, US), 푸에르코리코(PUERTO RICO, PR)

- **대서양 한가운데**(Mid Atlantic sub-area)

  모든 카리브해 하위 지역(All of the Caribbean sub-area), 중앙 아메리카(Central America), 아르헨티나를 제외한 남미 및 파나마 운하 지역(South America plus Panama Canal zone except Argentina), 브라질(Brazil, BR), 칠레(Chile ,CL), 파라과이와 우루과이(Paraguay, PY and Uruguay, UY)

⊘ 남대서양 South Atlantic sub-area

Argentina, Brazil, Chile, Paraguay and Uruguay(ABCPU)

② Traffic Conference Area 2 (TC2)

- Area 2는 아래와 같이 3개의 sub-area로 구분한다.

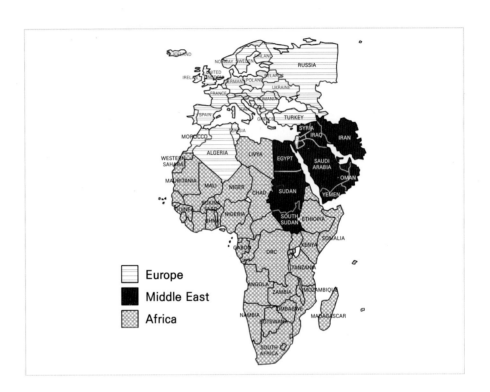

유럽 Europe

- 알바니아(Albania), 알제리(Algeria), 아르메니아(Armenia), 오스트리아(Austria), 아제르바이잔(Azerbaijan), 벨로루시(Belarus), 벨기에(Belgium), 크로아티아(Croatia), 체코(Czech Republic), 덴마크(Denmark), 에스토니아(Estonia), 핀란드(Finland), 프랑스(France), 조지아(Georgia), 독일(Germany), 헝가리(Hungary), 리투아니아(Lithuania), 이탈리아(Italy), 라트비아(Latvia), 모나코(Monaco), 모로코(Morocco), 아이슬란드(Iceland), 아일랜드(Ireland), 포르투갈(Portugal), 노르웨이(Norway), 폴란드(Poland), 러시아 서부 우랄 산맥(Russia-west of the Urals), 스위스(Switzerland), 스웨덴(Sweden), 터키(Turkey), 영국(United Kingdom)

아프리카 Africa

- 중앙 아프리카(Central Africa) : 잠비아(Zambia), 짐바브웨(Zimbabwe)

- 동부 아프리카(Eastern Africa : 에티오피아(Ethiopia), 케냐(Kenya), 소말리아(Somalia), 르완다(Rwanda), 우간다(Uganda)

- 남아프리카(Southern Africa) : 나미비아(Namibia), 스와질란드(Swaziland), 모잠비크(Mozambique)

- 리비아(Libya)

- 인도양 제도(Indian Ocean Islands) : 마다가스카르(Madagascar), 세이셸(Seychelles)

- 서아프리카(Western Africa) : 앙골라(Angola), 카메룬(Cameroon), 콩고(Congo), 가봉(Gabon), 감비아(Gambia), 나이지리아(Nigeria), 세네갈(Senegal), 토고(Togo)

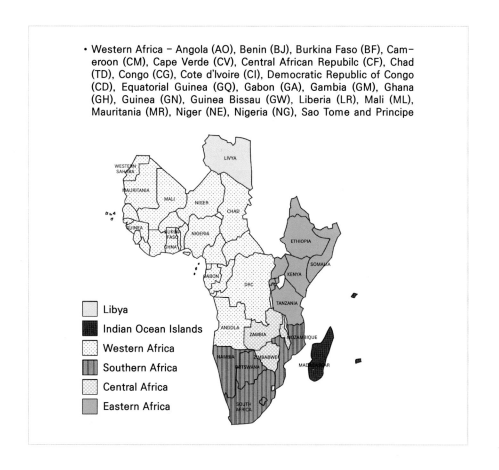

- Western Africa – Angola (AO), Benin (BJ), Burkina Faso (BF), Cameroon (CM), Cape Verde (CV), Central African Repubilc (CF), Chad (TD), Congo (CG), Cote d'Ivoire (CI), Democratic Republic of Congo (CD), Equatorial Guinea (GQ), Gabon (GA), Gambia (GM), Ghana (GH), Guinea (GN), Guinea Bissau (GW), Liberia (LR), Mali (ML), Mauritania (MR), Niger (NE), Nigeria (NG), Sao Tome and Principe

◎ 중동 Middle East

- 바레인(Bahrain), 이집트(Egypt), 이란(Iran), 이라크(Iraq), 이스라엘(Israel), 요르단
  (Jordan), 쿠웨이트(Kuwait), 레바논(Lebanon), 오만(Oman), 카타르(Qatar), 사우디아라
  비아(Saudi Arabia), 수단(Sudan), 아랍에미리트(United Arab Emirates), 예멘(Yemen)

③ Traffic Conference Area 3(TC3)

- Area 3은 아시아 지역을 의미하며 2개의 sub-area로 구분한다.

◎ 분류1

☑ **동남아시아**(South East Asia)

캄보디아(Cambodia), 중국(China), 대만(Taiwan), 괌(Guam), 홍콩(Hong Kong), 인도네시

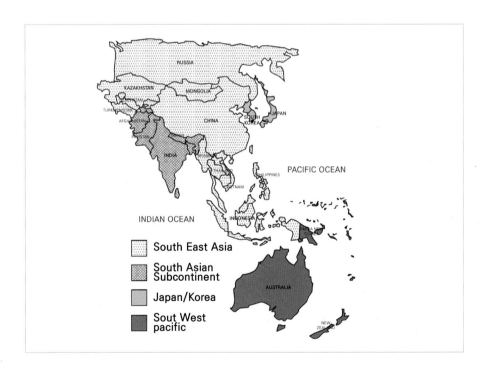

아(Indonesia), 말레이시아(Malaysia), 몽골(Mongolia), 미얀마(Myanmar), 팔라우(Palau), 러시아-우랄 동부(Russia-East of the Urals), 싱가포르(Singapore), 태국(Thailand)

- ☑ **남아시아 South Asian Subcontinent**

  아프가니스탄(Afghanistan), 방글라데시(Bangladesh), 부탄(Bhutan), 인도(India), 몰디브(Maldives, 네팔(Nepal), 파키스탄(Pakistan), 스리랑카(Sri Lanka)

- ☑ **대한민국**(Korea), **일본**(Japan)

- ☑ **남서태평양**(South West Pacific)

  호주(Australia), 뉴질랜드(New Zealand), 파푸아뉴기니(Papua New Guinea), 사모아(Samoa)

분류2

- ☑ **북/중앙태평양**(North/Central Pacific)

- ☑ **남태평양**(South Pacific)

---

2 IATA 방향 지표 Global Indicator

- 항공 운임은 제공되는 서비스와 운임 형태뿐만 아니라 방향 지표(GI)에 의한 여정 형태에 따라서도 매우 다양하다. 예를 들어 일반석으로 대서양을 거쳐 LAX(로스앤젤레스)에서 HKG(홍콩)을 여행하는 Y 클래스 여정은 태평양을 거쳐 여행하는 승객의 운임보다 훨씬 높다.
- 승객에게 정확한 항공 운임을 선택하여 제공하기 위해서는 승객이 선택한 여정의 유형을 분석하는 능력이 필요하다.
- 여정의 방향은 방향 지표(GI)를 반영하며 방향 지표의 식별은 그 도시가 해당

하는 Traffic Conference Area를 올바르게 적용하는 능력에 달려있다.

1 지리적 구분에 따른 방향 지표

• 방향 지표는 지리적 구분에 따른 Traffic Conference Area 번호에 따라 아래와 같이 그룹화시킬 수 있다.

TC	Global Indicators(GI)
TC1	WH
TC2	EH
TC3	EH
TC2/3	AP, TS, RU, FE, EH
TC1/2	AT
TC1/(3)/2	PA
TC1/2/3	AT
TC3/1	PN, PA

2 러시아의 지리적 구분

• 러시아는 유일하게 지리학적 구분을 2가지 지역으로 적용 한다. TC2에 속하는 우랄 산맥 서쪽 러시아 Russia West in Ural, 그리고 TC3에 속하는 우랄 산맥 동쪽 러시아로 구분되며, RU, XU 코드로 유럽에 속하는지, 혹은 아시아에 속하는지를 구분할 수 있다.

☑ RU(TC2)-우랄 산맥 서쪽

West of the Ural Mountains/TC2

예 MOW(모스크바), LED(상트페테르부르크)

☑ **XU**(TC3)-**우랄 산맥 동쪽**

East of the Ural Mountains/TC3

예 KHV(하바로브스크), VVO(블라디보스토크)

3 방향 지표 표기 방식

GI	Area	Via
AP	TC23	Via the Atlantic and Pacific Oceans
AT	TC12	Via the Atlantic ocean
AT	TC123	Via the Atlantic ocean
EH	TC2	Eastern Hemisphere
EH	TC3	Eastern Hemisphere
EH	TC23	Eastern Hemisphere
FE	TC23	Far East route
PA	TC31	Pacific route
PA	TC12 Via TC3	Pacific route between Area1 and 2 via Area3
RU	TC23	Russian Route
SA	TC123	South Atlantic Routing
TS	TC23	Trans-Siberian route
WH	TC1	Western Hemisphere route

4 동일 지역 내의 여정

서반구내의 여정 TC1 Western Hemisphere(WH)

- YVR(캐나다-밴쿠버)에
  서 LIM(페루-리마)로
  의 여정

동반구내의 여정 TC2 Eastern Hemisphere(EH)

- THR(이란-테헤란)에서
  REK(아이슬랜드-레이카
  비크)로의 여정
- CAS(모로코-카사블랑카)
  에서 SAH(예멘-사나)
  로의 여정

동반구내의 여정 TC3 Eastern Hemisphere(EH)

- KHI(파키스탄-카라치)에서 TPE(타이완-타이페이)로의 여정
- TYO(일본-도쿄)에서 POM(파푸아뉴기니-포트모르즈비)로의 여정

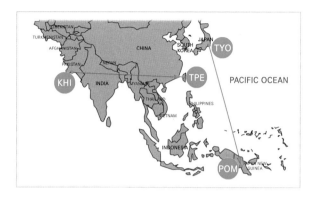

5 대서양 횡단을 통한 여정

AT(TC1과 TC2를 이동하는 경로)

- NYC(미국-뉴욕)에서 DUB(아일랜드-더블린)으로의 여정
- MAD(스페인-마드리드)에서 UIO(에쿠아도르-키토)로의 여정
- SAO(브라질-상파울로)에서 JNB(남아프리카공화국-요하네스버그)로의 여정

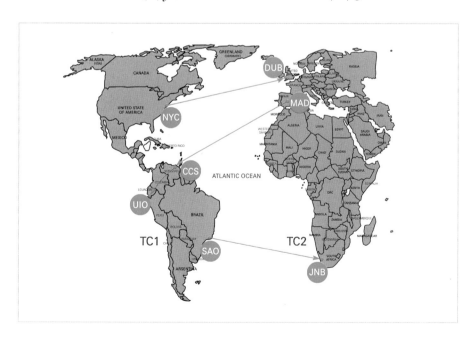

📍 AT(TC1,TC2,TC3를 모두 이동하는 경로)

- YVR(캐나다-밴쿠버)에서 HKG(홍콩)으로의 여정
- 태평양을 횡단하는 여정

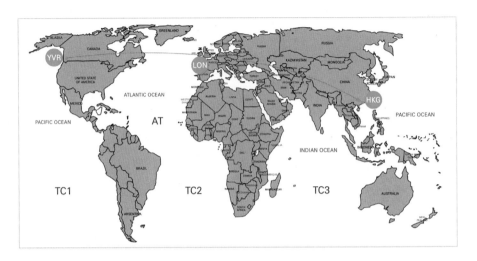

📍 PA(TC1과 TC3를 이동하는 경로)

- BJS(중국-베이징)에서 YTO(캐나다-토론토)의 여정
- JKT(인도네시아-자카르타)에서 LAX(미국-로스앤젤레스)로의 여정
- SYD(호주-시드니)에서 STL(미국-세인트루이스)로의 여정

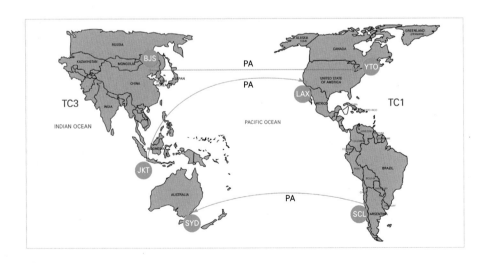

PA(TC3를 경유하는 TC1과 TC2사이의 여정)

- TLV(이스라엘-텔아비브)에서 YVR(캐나다-밴쿠버)로의 여정
- CHI(미국-시카고)에서 JNB(남아프리카공화국-요하네스버그)로의 여정

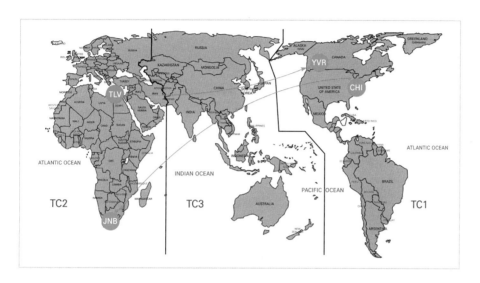

AP(TC1을 경유하는 TC2와 TC3사이의 여정)

- FE, RU, TS and EH(TC2와 TC3사이의 여정)

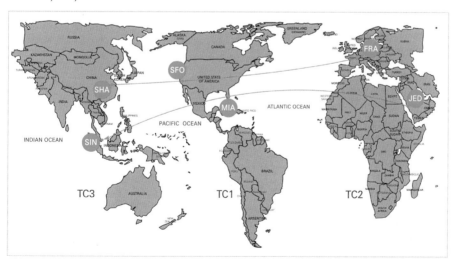

- TC23를 포함하는 여정은 5가지 방향 지표를 적용할 수 있다. 이 지역의 방향 지표를 올바르게 설정하기 위해 아래 체크 포인트를 확인해 본다.

✅ 여정이 태평양과 대서양 모두를 횡단하는가?

☞ AP

✅ 여정이 러시아(유럽지역)와 한국과 일본을 제외한 TC3 지역을 도중 체류지 없이 이루어 지는가?

☞ FE

✅ 여정이 러시아(유럽지역)와 한국, 일본을 도중 체류지 없이 이루어 지는가?

☞ RU

✅ 여정이 유럽(러시아제외)과 한국, 일본을 도중 체류지 없이 이루어 지는가?

☞ TS

✅ 여정이 위 4가지 여정에 해당하지 않으나 TC23를 포함하고 있는가?

☞ EH

📍 TS(러시아를 경유하는 TC2와 TC3의 여정)

- DKR(세네갈-다카)에서 MOW(러시아-모스크바)와 TYO(일본-도쿄)를 경유하여 BNE(호주-시드니)로의 여정
- KRT(수단-하르툼)에서 MOW(러시아-모스크바)를 경유하여 SEL(대한민국-서울)로의 여정

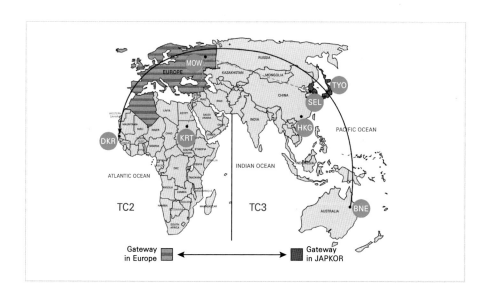

🔍 TS(TC2와 TC3의 여정 중 우랄 산맥 동쪽의 러시아를 통과하는 여정)

- MOW(러시아-모스크바)에서 IST(터키-이스탄불) 경유하여 TYO(일본-도쿄)를 거쳐 HKG(홍콩)으로 가는 여정
- STO(스웨덴-스톡홀름), LED(러시아-세인트피터스버그), MOW(러시아-모스크바)를 거쳐 SEL(대한민국-서울)까지 가는 여정

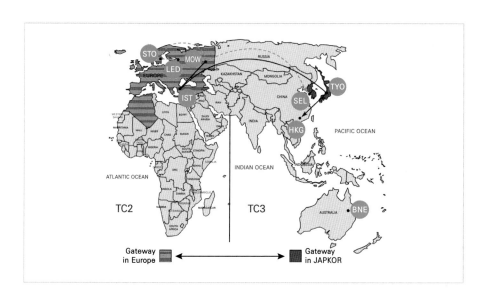

RU(TC2와 TC3를 통과하는 여정)

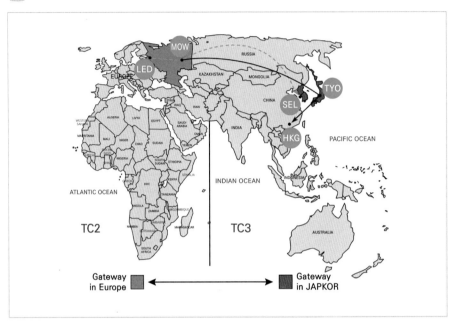

FE and RU

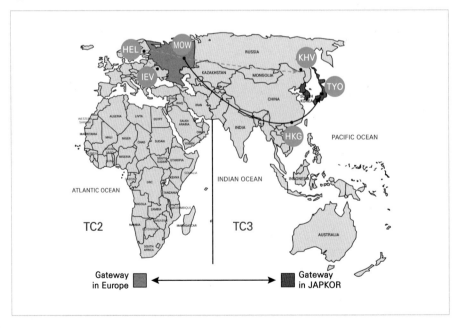

EH for TC23

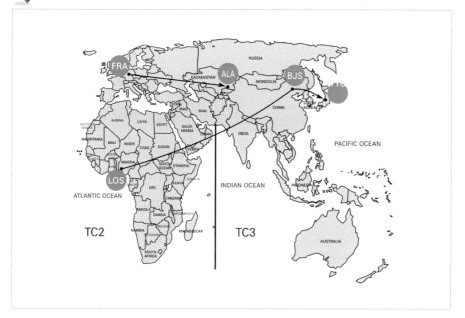

Study Check

1. 아래 지역의 도시를 확인하고 해당 도시의 IATA 지리학적 위치를 확인하세요.

City Code	City Name	Country Name	TC#
1. SEL	Seoul	Korea	3
2. BKK	Bangkok		
3. LAX	Los Angeles		
4. PAR	Paris		
5. MOW	Moscow		
6. YVR	Vancouver		
7. HAN	Hanoi		
8. IST	Istanbul		
9. DEL	Delhi		
10. DXB	Dubai		

2. 아래 여정에 맞는 방향 지표를 기술 하세요.

Routing	TC#	GI
11. SEL-HKG-BKK 서울-홍콩-방콕	3-3-3	EH
12. TYO-LAX-SAO 도쿄-로스앤젤레스-상파울로		
13. SFO-NYC-YVR 샌프란시스코-뉴욕-밴쿠버		
14. OSA-PAR-ROM 오사카-파리-로마		
15. SEL-LAS-LON-MAD 서울-라스베가스-런던-마드리드		

Chapter 02

운임의 유형
Types of Pricing Unit

02
운임의 유형
Types of
Pricing Unit

 개요

- 운임 단위(Pricing Unit)는 전체 여정, 혹은 부분 여정을 반영하여 운임을 결정 짓는다. 여정에는 하나, 혹은 하나 이상의 운임 단위(Pricing Unit)가 존재하며 두 가지 이상의 운임 단위를 이해하기 전에 하나의 운임 단위로 구성된 여정을 계산하는 방법을 배워보도록 하자.

- 승객의 여정은 단순하게 목적지까지 가는 편도 여정이나, 혹은 목적지에 도착하여 다시 출발지로 돌아오는 왕복 여정이 일반적일 수 있으나, 승객의 다양한 요구로 인한 복잡한 여정이나 발권 후 발생할 수 있는 추가 여정의 발생 등은 항공 운임의 산출을 어렵게 한다. 이때 적절한 운임 단위의 설정은 복잡한 항공 운임을 보다 효과적이고 경제적으로 산출할 수 있게 하며, 운임 단위 설정을 통하여 승객은 최적화된 항공 여정과 운임을 제공받을 수 있게 된다.

1. 항공 운임과 여정

- 운임 단위, 즉 PU(Pricing Unit)는 항공권을 분리하여 발권할 수 있는 여정, 혹은 독립된 여정과 같이 분리된 구간으로 운임 계산될 수 있는 여정, 혹은 그러한 여정의 일부분을 의미한다.

예제 1. 한 개의 운임 구간을 지닌 편도 운임 여정

Journey: DUB   TK   IST   CA   X/BJS   JL   TYO

→ 1PU

Unit Origin　　Intermediate Points　　Intermediate Points　　Unit Destination

DUB(Dublin)

TK(Turkish Airline)

IST(Istanbul)

CA(Air China)

BJS(Beijing)

JL(Japan Airline)

TYO(Tokyo)

- 운임 설정 시 DUB은 여정의 시작 Origin of the Journey, Unit Origin이라고 부르며, TYO는 여정의 목적지 Unit Destination이라고 부른다. 화살표는 DUB에서 TYO까지 운임 설정을 하나로 계산하는 방식으로 목적지 운임(Though FARE)이 적용됨을 의미한다.
- 다시 말해서, DUB에서 TYO를 여행할 경우 IST에서 체류하고, BJS를 경유한다 할지라도 DUB에서 TYO까지의 하나의 운임으로 중간 경유지를 경유

할 수 있으며, 이는 DUB-TYO의 운임으로 직항 여정을 이용할 경우나 IST, TYO를 경유하거나 동일한 운임이 적용됨을 의미한다.

- 항공 운임은 출발지에서 목적지 간 직항 운임이 저렴하기는 하나, 두 지점간의 경유지가 항공기의 목적지까지의 운항 구간내에 위치한다면, 목적지까지의 운임으로 경유지를 추가로 여행할 수 있게 된다. 이는 항공 운임 계산 시 마일리지 운임 방식의 하나로 Chapter 5장에서 자세히 살펴보기로 하자.

◎ 예제 2. 두 개 이상의 운임 단위를 지닌 편도 운임 여정

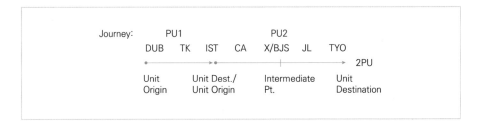

- 여정이 두 개 이상의 운임 단위(PU)를 가지고 있을 때 하나의 운임 단위 내에는 경유(24시간 내에 다른 목적지로 이동하는 여정, 운임 표기 시 경유지 앞에는 X마크를 표기한다.) 혹은 체류(최종 목적지에 도달하기 전 항공기를 갈아타는 지점에서 24시간 이상 머무르는 여정)지점을 포함할 수 있다. IST는 첫 번째 운임이 끝나며 두 번째 운임이 시작되는 운임 분리 구간이 될 수 있다. 이러한 경우, IST는 첫 번째 운임 단위의 목적지 Unit Destination, 두 번째 운임 단위의 출발지 Unit Origin이 된다. 첫째 화살표는 DUB-IST간의 운임 단위를 의미하며, 둘째 화살표는 IST-TYO간 BJS을 경유하는 또 하나의 운임 단위이며, IST에서 TYO까지 경유지가 있어도 목적지 운임으로 적용을 하는 목적지 운임 Through Fare를 의미한다.

2 운임의 유형

- 운임의 유형은 아래와 같이 크게 편도 One way, 혹은 왕복 Return Trip으로 구분할 수 있으며, 왕복 운임은 다시 아래 3가지 형태로 다시 구분한다.

  ☑ **Round Trip**(왕복 여정)
  ☑ **Circle Trip**(순환 여정)
  ☑ **Open Jaw**(열린턱 여정)

1 편도 운임 One way trip

- 국제선 여정은 출발지와 목적지가 각각 다른 두 나라로 이루어지며 출발지에서 목적지까지 편도 운임을 사용한다. 운임을 적용하는 방향은 실제 여행하는 방향과 동일하다.
  DEL(Delhi)에서 HKG(Hong Kong)으로 가는 여정
  (화살표의 방향이 여정의 방향을 의미한다.)

  CIF(비즈니스 클래스 운임) = INR(Indian Rupee)136500

- 편도 운임의 경우 출발지에서 목적지로 간다라고 설명하며, 목적지까지 경유지나 도중 체류지가 발생할 수 있다. 예를 들어, 위 여정의 경우 DEL에서

HKG까지의 직항 여정일 경우 위와 같이 표기가 되지만, 위 여정을 대한항공으로 여행한다고 가정할 경우는 DEL에서 ICN, 즉 대한항공이 운항하는 허브공항인 인천을 통하여 다시 HKG으로 여행하게 된다. 이때 대한항공은 위 여정이 ICN을 거쳐서 여행할 경우에도 목적지 요금을 적용할 것인지를 결정하게 되며, 이때 ICN이 운임 단위로 설정되는지가 결정되게 된다.

- 항공사는 출발지 시장에서 자사 상품을 많이 판매하기 위해 자사의 여정을 이용한 항공 운임을 항공거리와 상관없이 설정하기도 한다. 이를 여정 운임이라고도 하는데, 이또한 Chapter 5장에서 같이 살펴보기로 하자.

2 왕복 운임

- 왕복 여정이란 항공을 이용하여 어느 지역에서 다른 어느 지역으로 여행을 한 후 같은 출발지로 다시 돌아오는 여정을 의미한다.
  - 출발지에서 목적지로 나가는 아웃바운드와 목적지에서 출발지로 돌아오는 인바운드, 2개의 운임 마디로 구성되어 있으며, 각 운임 마디의 운임은 동일하게 구성된다.
  - 각 운임 마디는 왕복 운임의 절반을 사용한다.
  - 아웃바운드 운임 구성은 실제 여행하는 방향으로 계산하며, 인바운드 운임 계산은 실제 여행의 반대 방향으로 운임 계산을 적용한다.
- 인천에서 방콕을 왕복하는 여정의 일반석 항공 운임이 KRW800,000이라고 가정할 경우 인천에서 방콕을 가는 아웃바운드 운임은 KRW400,000이 되고, 방콕에서 인천으로 들어오는 인바운드 운임 역시 KRW400,000이 된다. 이를 인천에서 방콕으로 가는 왕복 운임이라고 부른다.
- 실제 인천에서 방콕을 가는 편도 운임을 판매할 경우 항공사들은 자사 상품의 왕복 운임을 구매하도록 유도하기 위해 왕복 운임의 절반보다 비싸게 운임을 설정한다. 그러므로, 왕복 운임을 구매하였을 경우에만 각 운임 마디의 금액은 왕복 운임의 절반으로 간주한다.

• 돌아오는 운임 마디는 실제 항공기의 운항이 방콕에서 인천으로 들어오지만, 운임 설정 시 운임의 방향을 인천에서 방콕으로 간다라고 표기한다. 이는, 운임이 인천을 출발하여 목적지인 방콕을 갔다가 다시 목적지로 돌아옴을 의미하며, 만약 운임의 방향을 방콕에서 인천으로 온다라고 표기하였을 경우 항공 운임 계산은

> ☑ 인천에서 방콕으로 가는 운임 : ICN → BKK
> ☑ 방콕에서 인천으로 오는 운임 : BKK → ICN

위와 같이 2개의 운임 단위 PU로 나뉘게 되며 이는 항공 운임을 높이게 되는 효과를 나타낸다.

항공 전문가는 승객에게 가장 최적화된 여정과 운임을 제공할 의무가 있으며, 운임 단위를 최소화 할수록 항공 운임이 저렴해질 가능성이 높다. 최근에는 항공사들이 다양한 제약 조건을 적용하는 구간 운임들을 온라인 상에 많이 노출하여 운임 단위가 많을 경우에도 특가를 이용한 저렴한 운임을 산출하기도 하지만, 일반적으로는 운임 단위가 적을수록 항공 운임은 보다 경제적으로 산출된다.

◉ AI(Air India) 항공사를 이용하여 DEL(Delhi)에서 HKG(Hong Kong)으로 갔다가 다시 오는 여정

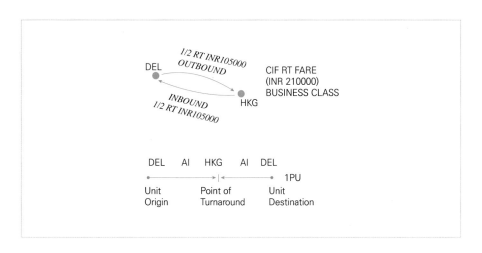

> CIF RT(비즈니스 클래스 왕복 운임) = INR(Indian Rupee)210000

델리에서 홍콩까지 가는 아웃바운드 여정의 운임은 왕복 운임 INR210000의 절반을 적용하여 INR105000이 된다. 즉, 편도 운임인 INR136500의 2배가 아닌 왕복 운임으로 설정되어 있는 운임을 절반씩 나누어 적용하게 된다.

🔍 DEL(Delhi)에서 RGN(Yangon)을 거쳐서 TPE(Taipei)로 갔다가 돌아오는 여정은 HKG(Hong Kong)을 거쳐 DEL로 다시 오는 여정

> ✅ DEL-HKG : 편도 운임 INR136500
> ✅ DEL-HKG : 왕복 운임 INR210000

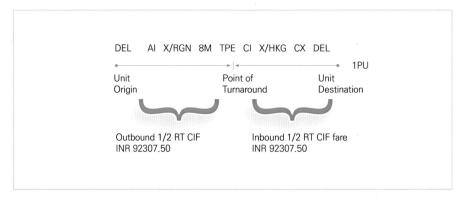

DEL(Delhi)	AI(Air India)
RGN(Myanmar)	8M(Myanmar Airways)
TPE(Taipei-최종 목적지)	CI(China Airline)
HKG(Hong Kong)	CX(Cathay Pacific)

> CIF RT(비즈니스 클래스 왕복 운임) = INR(Indian Rupee)92307.50 X 2

DEL에서 TPE까지의 여정 중 아웃바운드에서는 RGN를 경유하지만 인바운드 여정에서는 HKG을 경유하여 오는 여정이다. 각 운임마다마다 경유지가 있으나 출발지에서 목적지 운임을 적용하는 목적지 운임, 즉 Through Fare를 사용한다.(마일리지 운임 방식을 통하여 경유지 추가 시 운임 변화가 없음을 확인해야 목적지 운임 적용이 가능하다.)

왕복 운임의 예외 적용

- 아래 여러 가지 원인으로 인하여 출발지에서 목적지로 가는 아웃바운드와 목적지에서 출발지로 돌아오는 인바운드 운임이 다르게 적용될 수도 있다.

항공사별 다양한 운임

LON(London)에서 HKG(Hong Kong)으로 CA(Air China)를 이용하여 여행 후 돌아오는 여정은 CX(Cathay Pacific Airline)를 이용하는 여정

CRT(비즈니스 클래스 왕복 운임) = GBP(Pound)2444.50-CA, Air China 항공 운임 적용

+ GBP3289.00-CX, Cathay Pacific 항공 운임 적용

```
Journey:    LON     CA  HKG     CX  LON     (Business class)
                                                1PU
            CA 1/2 RT CRT           CX 1/2 RT C2RT1
            GBP 2444.50             GBP 3289.00
```

위 운임 구조는 CA항공사의 LON에서 HKG으로 가는 왕복 운임(GBP4889)의 절반과 CX항공사의 LON에서 HKG으로 가는 왕복 운임(GBP6578)의 절반을 각각 더했음을 알 수 있으며, CX항공사의 운임이 훨씬 높음을 확인할 수 있다.

주중/주말 적용 운임

TYO(Tokyo)에서 DPS(Bali-Denpasar)를 주중에 출발하여 주말에 돌아오는 여정(주중 : 월~목요일, 주말 : 금~일요일), 즉 주중 출발 요금과 주말 출발 요금이 각각 다르게 적용되므로 구간별 운임이 각각 다르게 적용될 수 있다.

위 운임 구조를 통하여 TYO에서 DPS로 가는 운임은 주말 출발이 훨씬 높으며, DPS출발 날짜가 주말 일 경우, 주중 출발하여 주말에 돌아오는 운임은 운임 단위마다 상이함을 알 수 있다.

⊘ 탑승 클래스 별 운임

비즈니스 클래스로 출발하여 일반석으로 돌아오는 경우 왕복의 운임이 동일한 가격으로 구간 적용되지 않는다.

LON에서 HKG을 가는 왕복 여정 중 아웃바운드는 일등석, 인바운드는 비즈니스석을 탑승할 경우 아래와 같이 운임이 다르게 적용된다.

> A2RT1(일등석 왕복 운임) = GBP9603
>
> C2RT1(비즈니스석 왕복 운임) = GBP6578

최종 항공 운임은 각 구간의 왕복 운임의 절반인 금액을 합산하여 GBP4801.50 + GBP3289.00, 총 GBP8090.5이 된다.

⌣ 비/성수기 별 운임

아웃바운드 여정을 성수기에, 인바운드 여정을 비수기에 할 경우 성수기 운임 보다 비수기 운임이 더욱 저렴하게 적용된다.

> TYO(Tokyo)에서 BJS(Beijing)을 왕복할 경우 가는 여정을 성수기에 시작하고 오는 여정을 비수기에 시작하게 될 경우 각각 왕복 운임의 절반씩이 적용되게 된다. 예를 들어, TYO에서 BJS가는 성수기 왕복 운임이 JPY(Japanese Yen)200000이고 비수기 왕복 운임이 JPY100000일 경우 성수기에 갔다가 비수기에 돌아올 경우는 JPY200000 x 1/2 + JPY100000 x 1/2, 즉 총 왕복 운임은 JPY150000이 된다.

```
Journey:        TYO   BB   BJS   BB   TYO
                  •——————→|←——————•
            High season 1/2 RT YH    Low season 1/2 RT YL
```

③ 순환 여정

- 순환 여정 Circle Trip은 출발지에서 다른 도시를 여행한 후 같은 지점, 즉 출발지로 항공을 이용하여 다시 돌아오는 여정을 말하며 아래와 같은 특징을 지닌다.
  - 출발지와 최종 도착지가 같다.
  - 2개 혹은 그 이상의 운임 마디를 가지고 있다.
  - 각 운임 마디는 왕복 운임의 절반을 적용하여 계산한다.
  - 2개의 운임 마디를 가지고 있을 때 아웃바운드와 인바운드의 운임이 다르다.

항공 여정을 지리적 위치에서 살펴보면 아래와 같이 Circle Trip의 유형으로 볼 수 있다.

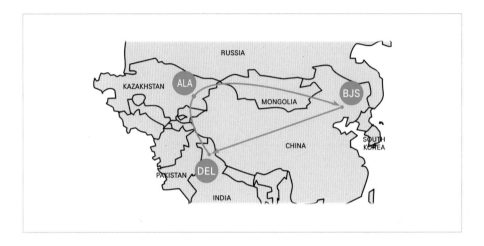

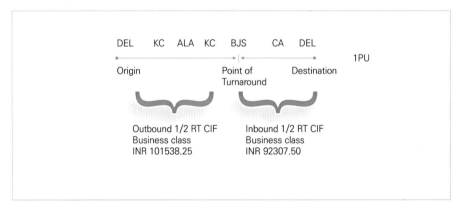

DEL(Delhi)

KC(Air Astana)

ALA(Almaty)

BJS(Beijing)

CA(Air China)

아웃바운드 운임은 DEL에서 ALA를 거쳐 BJS를 가는 비즈니스 왕복 운임의 절반을 적용하며, 인바운드 운임은 DEL에서 BJS을 직항으로 여행하는 비즈니스 왕복 운임의 절반을 적용한다.

여정의 방향은 출발지에서 목적지로 하며, 아웃바운드 운임 단위 내에 도중 체류지인 ALA가 있으나 목적지 운임으로 사용함을 알 수 있다.

> 아웃바운드 운임 INR101538.25 + 인바운드 운임 INR92307.50

- 일주 운임의 경우 왕복 운임에 적용하지 않는 CTM(Circle Trip Minimum check)를 적용하여 항공 운임 계산이 이루어 지므로 여정의 분석과 올바른 운임 적용이 최종 운임 산출에 매우 중요한 영향을 끼치게 된다.
- CTM이란 일주 여정의 경우 출발지에서 목적지까지의 왕복 운임이 출발지에서 도중체류지 왕복 운임 보다 낮을 경우, 출발지에서 도중 체류지 왕복 운임을 채택하기로 하는 규정이다.
- 예를 들어, 인천에서 시드니를 거쳐 오클랜드를 여행하고 다시 인천으로 돌아올 경우, 최종 목적지인 오클랜드까지의 왕복 운임이 인천에서 시드니 왕복 운임 보다 낮을 경우 높은 운임인 인천에서 시드니 왕복 운임을 최종 운임으로 채택하는 방식이다.

④ 열린턱 여정

- 열린턱 여정이란 항공편을 이용한 여정이 중간 분리된 상태이며 항공편을 이용하지 않는 구간은 차량이나 기차, 선박 등을 이용하여 여행하는 경우를 의미한다. 이로 인해 발생되는 여정이 분리된 구간을 Surface sector라고 한다. 또한, 왕복 여정이지만 출발지에서 동일한 출발지로 다시 돌아오지 않는 경우도 열린턱 여정에 속한다.
- 열린턱 여정은 아래와 같이 3가지 종류로 구분되며 각 운임 마디에 왕복 운임의 절반을 각각 적용한다.

📍 출발지 열린턱 여정-Origin Open Jaw(OOJ)

- 출발 지점과 도착 지점 사이에 surface 구간이 발생하는 여정으로 출발지 열린턱 여정이라고 부른다.

  아래 여정은 DEL(Delhi)를 출발하여 HKG(Hong Kong)을 목적지로 하는 왕복 여정이나 동일한 출발지로 오지 않고 인도의 다른 도시인 BOM(Mumbai)로 돌아오는 여정이다. 동일한 도시로 돌아오지 않기 때문에 아웃바운드와 인바운드의 운임이 다르게 적용된다.

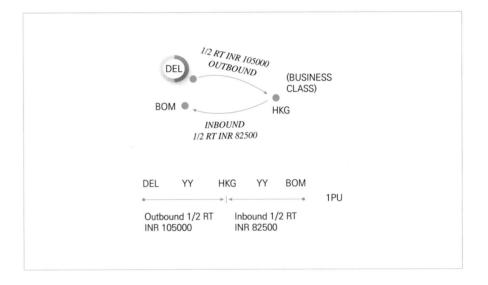

✈️ GDS내의 항공예약의 예

아웃바운드 항공편 : JL960/8월6일/PUS(Pusan)-NRT(Narita)

인바운드 항공편 : KE704/8월10일/NRT(Narita)-ICN(Incheon)

```
0123-4596
 1.KIM/KYUNGHAE MS
 2   JL 960 Y 06AUG 5 PUSNRT HK1  0800 1005  06AUG  E  JL/6IOEBR
 3   KE 704 Y 10AUG 2 NRTICN HK1  1355 1630  10AUG  E  KE/6IOEBR
```

🔍 목적지 열린턱 여정-Turnaround Open Jaw(TOJ)

- 목적지에서 항공편을 이용하는 여정이 분리되며 비 항공 운송 Surface Sector 수단을 이용하여 다른 지점에서 출발하여 도착할 경우를 의미한다.

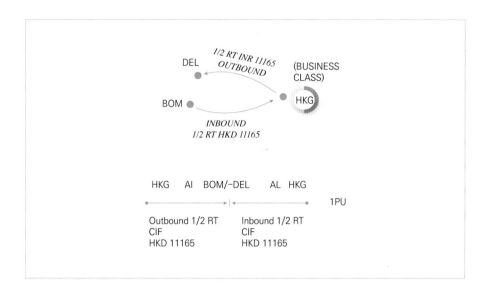

✈ GDS내의 항공예약의 예

아웃바운드 항공편 : KE703/8월1일/ICN(Incheon)−NRT(Narita)

인바운드 항공편 : KE724/8월7일/KIX(Osaka)−ICN(Incheon)

GDS내의 ARNK는 항공 예약 시 Surface구간을 의미하는 표기이므로, 목적지에서 다른 운송 수단을 이용하여 다른 도시에서 출발함을 의미한다. 이때 ARNK 입력은 표기 수단이므로, 반드시 입력하지 않아도 된다.

```
0123-4596
 1.KIM/KYUNGHAE MS
 2  KE 703 Y 01AUG 7 ICNNRT HK1  1010 1235  01AUG  E  KE/6IOEBR
 3  ARNK
 4  KE 724 Y 07AUG 6 KIXICN HK1  1225 1415  07AUG  E  KE/6IOEBR
```

🔍 출발지/목적지 열린턱 여정–Double Open Jaw(DOJ)

- 운임 분리 지점이 출발지와 목적지 두 지점에서 모두 발생하는 경우를 말한다.

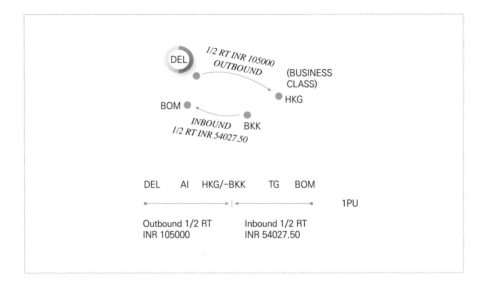

> 📡 **GDS내의 항공예약의 예**
>
> 아웃바운드 항공편 : OZ1085/8월7일/GMP(Gimpo)–HND(Haneda)
>
> 인바운드 항공편 : OZ107/8월10일/NRT(Narita)–ICN(Incheon)

```
0123-4596
 1.KIM/KYUNGHAE MS
 2  OZ1085 Y 07AUG 6 GMPHND HK1  0840 1045   07AUG  E  OZ/6IOEBR
 3  OZ 107 Y 10AUG 2 NRTICN HK1  0900 1130   10AUG  E  OZ/6IOEBR
```

5 세계일주 여정Round the World(RTW) Journey

세계일주 여정이란 일정 방향으로 지구를 한바퀴 돌아서 출발지 국가로 다시 돌아오는 여정이다. 동에서 서쪽으로, 혹은 서에서 동쪽으로 일정 방향을 따라 대서양과 태평양을 모두 횡단하는 여정을 의미한다. 방향 지표의 경우 AP를 적용하는 여정이다.

세계일주 여정은 다양한 항공사를 이용하여 이루어 지며, 여정의 방향을 거슬러서 반대로 다시 역행하는 여정을 포함하지는 않는다. 여러 항공사를 이용하는 여정이 적용되므로, 항공 동맹체 내의 세계일주 운임을 사용하면 보다 저렴한 항공 운임을 이용하여 세계일주가 가능하다.

✈ GDS내의 항공예약의 예

KE017/8월1일/ICN(Incheon)-LAX(Los Angeles)

BA280/8월10일/LAX(Los Angeles)-LHR(London)

TG911/8월15일/LHR(London)-BKK(Bangkok)

OZ742/8월20일/BKK(Bangkok)-ICN(Incheon)

```
0123-4596
 1.KIM/KYUNGHAE MS
 2  KE 017 C 01AUG 7 ICNLAX HK1  1430 1010   01AUG  E  KE/6IOEBR
 3  BA 280 C 10AUG 2 LAXLHR HK1  1655 1135   11AUG  E  BA/6IOEBR
 4  TG 911 C 15AUG 7 LHRBKK HK1  1230 0600   16AUG  E  TG/6IOEBR
 5  OZ 742 Y 20AUG 5 BKKICN HK1  2355 0730   21AUG  E  OZ/6IOEBR
```

이 여정은 인천에서 출발하여 다시 출발지로 돌아오는 여정이며, 태평양과 대서양을 모두 건너는, 여정의 역행이 없는, 즉 다시 방콕에서 파리로 돌아가는 여정 등이 포함되지 않는 세계일주 운임이 적용되는 여정이다. 과거 항공 동맹체가 설립되기 이전에는 세계일주 시 여러 항공사를 이용해야 하였으므로, 각 항공사 탑승 구간마다 항공권을 발행해야 하는 번거로움과 높은 운임이 큰 장벽이었다. 하지만, 동맹체 설립 후 동일한 동맹체 내에서 회원사들끼리 여정과 운임을 공유하게 되면서 승객의 편의와 항공 운임의 경제성을 높이게 되었고, 이는 승객으로 하여금 편안하고 효율적인 여행을 하게 하였다.

Study Check

1. 아래 여정의 운임 단위 Pricing Unit을 확인 하세요.

항공편	출발일	클래스	출발지	도착지
SU046 (Aeroflot)	5OCT	Y	SVO Mowcow	LED St.Petersburg

(a) OW   (b) RT

(c) OOJ   (d) TOJ

2. 아래 여정의 운임 단위 Pricing Unit을 확인 하세요.

항공편	출발일	클래스	출발지	도착지
KE074	15JUL	Y	YYZ Toronto	ICN Incheon
KE073	29JUL	Y	ICN Incheon	YYZ Toronto
KE6527	29JUL	Y	YYZ Toronto	YUL Montreal

(a) OW   (b) RT

(c) OOJ   (d) TOJ

3. 아래 여정의 운임 단위 Pricing Unit을 확인 하세요.

항공편	출발일	클래스	출발지	도착지
AF022	27FEB	Y	CDG Paris	JFK New York
AF644	30MAR	Y	JFK New York	AMS Amsterdam
KL1233	31MAR	Y	AMS Amsterdam	CDG Paris

(a) CT   (b) RT

(c) OOJ   (d) TOJ

4. 아래 여정의 운임 단위 Pricing Unit을 확인 하세요

항공편	출발일	클래스	출발지	도착지
KE703	1MAR	Y	ICN Incheon	NRT Tokyo
ARNK		비항공 운송 구간		
KE722	13MAR	Y	KIX Osaka	ICN Incheon

(a) CT

(b) RT

(c) OOJ

(d) TOJ

5. 아래 여정의 운임 단위 Pricing Unit을 확인 하세요.

항공편	출발일	클래스	출발지	도착지
KE5902	10SEP	Y	CDG Paris	ICN Incheon
KE017	23SEP	Y	ICN Incheon	LAX Los Angeles
AF065	27SEP	Y	LAX Los Angeles	CDG Paris

(a) CT

(b) RT

(c) OOJ

(d) RTW

Chapter 03

운임 코드
Fare Basis Code

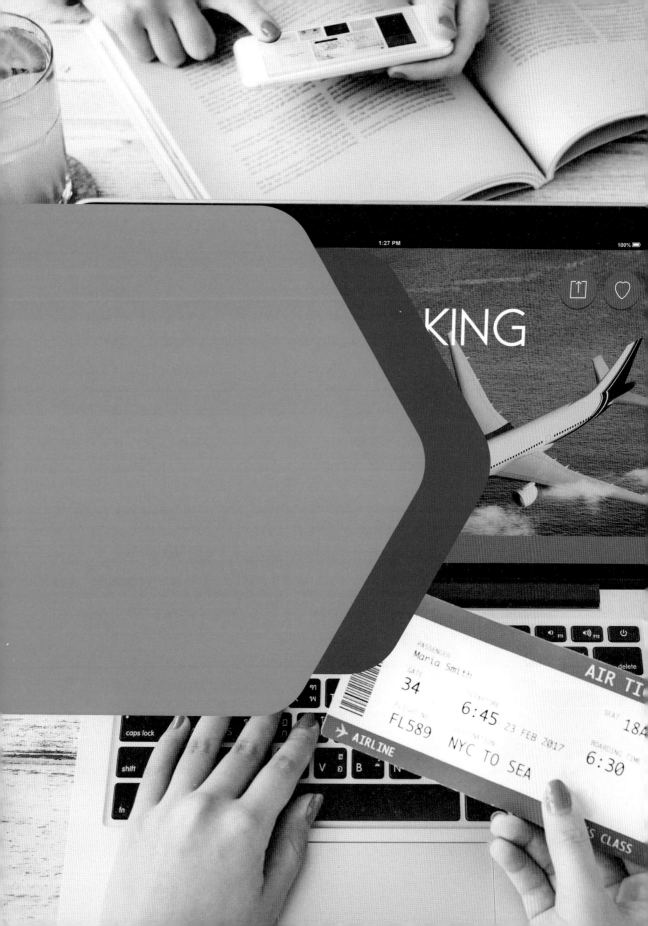

03
운임 코드
Fare Basis Code

개요

- 항공 운임은 여러 가지 다양한 요소에 의해 결정된다. 항공사, 여정의 유형, 방향 지표, 서비스 클래스, 등등의 요소로 인해 항공 운임은 영향을 받게 된다. 모든 항공 운임은 운임 자체의 적용 규정이 있으며, 이러한 운임 규정들은 이해하기에 매우 길고 어려운 내용일 수 있다.

- 운임 코드란 이러한 규정들의 보편화된 규정을 운임 표기 시 쉽게 이해할 수 있도록 표기 하는 방식이며, 이는 대부분의 항공사들이 공통화된 코드를 통하여 표기하게 된다.

- 운임 코드(Fare Basis Code)의 일반적인 유형을 이해하게 되면 여러 가지 규정의 적용 방식에 대해 좀더 쉽게 이해할 수 있으며, 다양한 규정에 대한 이해가 쉬울 것이다.

- 항공사는 항공 운임을 설정할 때 일반적인 운임 코드(Fare Basis Code)의 규정을 적용하게 되지만, 모든 항공사가 반드시 동일하게 적용되지는 않는다. 여러 방식의 운임 코드(Fare Basis Code) 중 일반적으로 대다수의 항공사가 운임을 설정하고 창출할 때 적용하는 가장 보편적인 코드에 대해서 살펴보기로 하자.

1 탑승 클래스 Cabin Class와 예약 클래스 Booking class

국제 항공 운임은 승객이 예약하고 탑승하는 class에 의해서 결정된다. Cabin Class, 즉 탑승 클래스는 기내에서 승객이 탑승하는 클래스를 표시하며, 동일한 탑승 클래스내에는 다양한 예약 클래스를 포함한다.

일반적으로 국제선 장거리 항공편은 3가지 기내 서비스 클래스, 즉 일등석, 비즈니스석, 일반석으로 구분이 되며, 일반석의 가장 저렴한 운임으로 여행을 하는 것과 일등석의 운임은 굉장히 큰 차이가 있을 것이다. 일부 항공사는 프리미엄 이코노미라고 하는 새로운 탑승 클래스를 도입하기도 한다. 프리미엄 이코노미 클래스는 일반석과 비즈니스석의 중간 형태를 띄고 있으며, 일반석에 비해 더 넓고 편안한 좌석, 다양한 선택 서비스, 사전 좌석 지정 등의 부가 서비스를 제공하므로 일반석 운임보다 비싸게 책정된다. 모든 항공사가 일등석을 다 제공하지 않는 것과 같이 프리미엄 이코노미 좌석 또한 모든 항공사가 다 동일하게 제공하지는 않는다. 항공사는 노선별 운항 시간, 거리, 출도착 국가의 여러 가지 시장, 경제 상황 등을 고려하여 항공기의 탑승 클래스를 가장 효율적인 방식으로 운행하게 된다.

일반적으로, 각 탑승 클래스는 하나 이상의 항공 운임 체계를 갖게 된다. 항공사는 Booking class code를 설정하여 항공 운임 당 항공 좌석 수를 조절한다. 항공사는 이를 "Revenue Management"라고 부르며 Booking class code는 1자리 영문 알파벳으로 표기된다. 항공 좌석 확인 시 Booking class code는 가능한 좌석 수와 함께 표기되며, 이를 통해 항공사는 운임당 좌석수를 수요와 공급의 원칙에 따라 제한적으로 제공하여 수익을 극대화 시키고자 한다.

🔍 항공사의 수익 관리 Revenue Management

항공사는 일반석 100석을 판매할 경우, 모든 좌석을 동일한 가격으로 판매하지 않는다. 항공기 출발일과 판매 시장의 경제 상황, 목적지별 수요 분석등을 통하여 수익 관리 부서는 100석의 좌석을 판매할 경우 다양한 예약 클래스를 적용하여 운임을 다양화 시킨다.

예를 들어, 100석 모두 100만원의 금액을 받기 위해 단일 예약 클래스, Y클래스만을 적용한다면 전석이 모두 판매되었을 경우 항공사는 1억을 벌수가 있을 것이다. 하지만, 항공 좌석의 수요는 여러 가지 변수에 영향을 받아 판매가 원활하게 이루어지지 않을 수도 있고, 항공사간의 경쟁이 심화되어 타사 항공기로 좌석 판매가 이루어 질 수 있는 위험도가 있다.

다양한 변수와 수요, 공급의 원칙에 따라 항공사는 100석의 좌석을

Y 클래스 예약(10석-KRW1,000,000)

B 클래스 예약(30석-KRW800,000)

M 클래스 예약(30석-KRW600,000)

H 클래스 예약(20석-KRW500,000)

Q 클래스 예약(10석-KRW400,000)

등과 같이 다양한 클래스와 항공 운임 수준을 적용하여 판매를 조절하며, 해당 항공기의 좌석 수요가 높을 경우 상위 요금의 예약 클래스 좌석 할당량을 늘이고, 하위 요금의 예약 클래스 좌석 할당량을 줄이는 등의 수익 관리를 하게 된다.

이는, 항공사가 수익을 극대화 시키는 노력중의 하나이며, 좌석에 대한 낮은 수요로 인해 항공사의 프로모션 진행 시 사전에 미리 항공권을 발권한 승객의 운임이 출발 하루 전 발권한 승객의 운임보다 비싸지는 결과도 초래할 수 있다.

◎ **예약 클래스의 표기 예**

대한항공을 이용하여 SEL(Seoul)-BKK(Bangkok)을 왕복하는 좌석 확인 화면(Seat Availability)

```
      ①           ②                   ③     ④      ⑤        ⑥       ⑦          ⑧

KE 651    J9 C9 DL IL RL Z9 Y9 /ICN 2 BKK    1805     2145  E0/773      5:40
          B9 M9 S9 H9 E9 K9 L9 UL Q9 N9 T9 G9


KE 652    J9 C9 DL IL RL Z9 Y9 /BKK    ICN 2 2330   0655+1E0/773      5:25
          B9 M9 S9 H9 E9 K9 L9 U9 Q9 N9 T9 G9
```

① 항공편 : KE651/KE652

② 예약 클래스 : 각 클래스별 숫자는 현재 잔여 좌석 수

    (좌석 수는 한자리 숫자로 표기되며 9석 이상의 좌석이 남아 있을 경우, 혹은 9석이 남아있을 경우 9로 표기한다. 0이나 L의 표기는 잔여 좌석이 없음을 의미한다.)

③ 출발지 : ICN(Incheon)/BKK(Bangkok)

④ 도착지 : BKK(Bangkok)/ICN(Incheon)

⑤ 출발시간 : 18:05/23:30

⑥ 6번 도착시간 : 21:45/06:55+1(다음날 도착)

⑦ 기종 : 보잉 777-300기종

⑧ 비행시간 : 5시간 40분/5시간 25분

◉ **FRA**(Frankfurt)**-NYC**(New York) **좌석 확인**

일반적으로 승객에게 제공되는 일반석 운임에는 매우 다양한 예약 클래스 booking class 코드가 있다. 각 항공사는 그들의 탑승 클래스를 대변하는 알파벳을 자체적으로 결정할 수 있다.

| 1 | LH 400 | F7 A2 J9 C9 D9 Z9 P9 | /FRA 1 | JFK 1 | 1100 | 1340 | E0/388 | 8:40 |
| | | G9 E9 N6 Y9 B9 M9 U9 H9 Q9 V9 W9 S9 T9 L6 | | | | | | |

Figure 5.1—Sample FRA-NYC availability display with booking class codes and number of seats available per code for travel on LH

Although there is no standard for setting booking class codes per cabin, there are common patterns followed by airlines.

First class: P, F, A

Business class: J, C, D, Z, I

Premium economy class: W

Economy class: any other letter code

LH400 항공편은 F클래스부터 판매를 하고 있으며, GDS내의 예약 클래스를 이용하여 항공 전문가는 항공 예약과 발권을 진행하게 된다. 일반적으로 통용되는 예약 클래스는 탑승 클래스마다 다양하지만, 항공사들이 공통적으로 적용하는 예약 클래스는 아래와 같다.

- 일등석 : P, F, A
- 비즈니스석 : J, C, D, Z, I
- 프리미엄이코노미석 : W
- 이코노미석 : Y, M, B, H, K, E, Q, U 등등

항공사는 각 운임마다 예약 클래스를 포함한 운임 코드 Fare Basis Code를 지정한다. 이러한 운임 코드 Fare Basis Code는 알파벳과 숫자의 조합으로 이루어지며, GDS 시스템 내 운임 조회 시 운임과 함께 표기된다. 또한, 항공권 발행 시 판매 금액과 함께 표기되며, 운임 코드Fare Basis Code의 각 문자는 항공사가 운임을 설정할 때 적용하는 조건에 따른 의미를 지닌다.

FRA-NYC Fare Basis Code

아래 그림은 FRA(Frankfurt)에서 NYC(New York)까지 가는 항공 운임을 표기하는 GDS의 화면이다.

다양한 운임이 조회되지만 그 중 운임 번호 142의 Fare Basis Code를 보면 ARCDE0W와 운임 가격 EUR5020.00으로 표기되어 있다. 이 운임을 사용하기 위해 어떤 클래스로 예약을 해야할 것인가?

```
142ARCDE0W              5020    A   @   -   -   @       @   2@   12M   R
143CFFDE0W              5120    C   -   -   -   @       @   -    12M   R
144Y770W        2834            Y   -   -   -   -       -   -         M
145JFFDE0W              5820    J   -   -   -   @       -   -    12M   R
```

142번 운임은 항공 운임 5020.00뒤에 A라고 표기가 되어 있으며, 이는 해당 운임의 예약을 진행할 수 있는 예약 클래스를 의미한다.

만약 항공사가 ARCDE0W 운임을 선택하여 A클래스 예약을 진행하였다면 과연 기내에서 어떤 좌석에 앉게 될것인가? 항공 운임 규정을 확인할 경우 해당 탑승 클래스에 대해서도 확인이 가능하다.

```
142ARCDE0W                      5020    A   @   -           -   @   @   2@   12M   R
143CFFDE0W                      5120    C   -   -           -   @   @   -    12M   R
144Y770W        2834                    Y   -   -           -   -   -   -         M
145JFFDE0W                      5820    J   -   -           -   @   -   -    12M   R
LN FARE BASIS   OW      EUR     RT      B   PEN DATES/DAYS  AP      MIN MAX  R
142ARCDE0W                      5020    A   @   -           -   @   @   2@   12M   R
FCL: ARCDE0W            TRF: 1 RULE: WFWW BK: A
PTC: ADT-ADULT                  FTC: FX -FIRST CLASS EXCURSION
FARE FAMILY                  : STANDARD
FARE FAMILY DESCRIPTION      : INCLUDING BAG
RU.RULE APPLICATION
LUFTHANSA RESTRICTED FARE
```

위 운임 규정을 확인할 경우 승객은 A클래스 예약 시 일등석으로 탑승하게 될 것이다. 위와 같이 예약 클래스마다 항공 운임은 다르게 적용되며, 각 운임 코드는 다양한 규정을 포함하게 된다.

2 예약 클래스 Booking Class의 적용

• 운임 코드 Fare Basis code는 일반적으로 예약 클래스 Booking Class code를 반영하지만 그렇지 않은 경우도 있다. 특히, 이러한 경우는 다른 항공사와의 국내선, 국제선의 연결 항공편인 경우 종종 나타난다.

아래와 같이 적용 사례를 살펴보도록 하자.

MIA(Miami)–BUE(Buenos Aires) 운임 코드 및 예약 클래스

①	②	③	④	⑤	⑥	⑦								
10JAN **24JAN		/AA MIABUE/NLX: WH/TPM					4417/MPM		5300					
LN FARE BASIS	OW		USD	RT	B	PEN	DATES/DAYS			AP		MIN	MAX	R
79 LLW0NSW1				2797	W	NRF	S	–	567	●		●	12M	M
80 HLN0ASW1	1425			2850	W	NRF	S	–	–	●		●	–	M
81 MLX0NSW1				2898	W	NRF	S	–	1234	●		●	12M	M
82 HLN0ASW1	1465			2930	W	NRF	S	–	–	●		●	–	M
83 MLN0ASW1	1465			2930	W	NRF	S	–	–	●		●	–	M
84 INX5ISN1				2980	I	NRF				●	50	●	12M	M
85 KLN0ASW1	1540			3080	W	NRF	S	–	–	●		●	–	M
86 INW5ISN1				3180	I	NRF		–		●	50	– ●	12M	M

① LN : 번호 순서 Line Number

② Fare Basis : 운임 코드

③ OW : 편도 One Way

④ USD : 통화 US Dollar

⑤ RT : 왕복 Return Trip

⑥ B : 예약 클래스 Booking Class

⑦ Dates/Days : 운임 적용 기간

위 운임의 79번부터 83번, 85번의 운임은 Booking Class가 Prim Code, 즉 운임 코드 Fare Basis 앞에 표기된 알파벳과 다르게 적용됨을 알 수 있다. 이러한 운임들은 반드시 Booking Class Code에 맞추어 예약을 진행하여야 하며 만약 직항 비행기 여정이 없을 경우는 해당 항공사 별로 더욱더 복잡한 예약 클래스가 적용된다.

📍 AMS(Amsterdam)–THR(Tehran) VL6MNL운임 확인(KK Atlas Global 항공사 사용)

LN	FARE BASIS	OW	USD	RT	B	PEN	DATES/DAYS		AP	MIN	MAX	R
05	EPROWNL	130			E	NRF	B01JAN	03OCT	0	0-	-	R
06	VL6MNL			270	V	NRF	S22MAR	-	0	-	6M	R

위 운임표만 보았을때에 왕복 운임을 사용할 경우 VL6MNL 운임을 선택하여 V클래스로 예약을 하여야 한다. 그러므로, AMS-THR의 여정은 V클래스로 예약을 하지만, 만약 직항 비행편이 없을 경우에는 각각의 항공편을 어떻게 예약 하여야 할 것인가?

먼저 GDS내에서 아래와 같이 여정 조회를 하여 여정과 해당 항공사를 확인해야 한다.

	①	②	③	④		⑤ ⑥	⑦	⑧		⑨				
	1	KK2248	V	14FEB	4	AMSIST	DK1	1445	2015	14FEB	E	0	320	M
	2	KK1184	V	14FEB	4	ISTIKA	DK1	2345	0315	15FEB	E	0	321	
	3	KK1185	V	11MAR	1	IKAIST	DK1	0600	0845	11MAR	E	0	321	
	4	KK2247	V	11MAR	1	ISTAMS	DK1	1135	1315	11MAR	E	0	320	M

① 1 : 여정 번호 및 순서

② KK2248 : 항공편 Atlas Global Airline

③ V : 예약 클래스

④ 14FEB : 탑승일

⑤ AMS : 출발지 Amsterdam

⑥ IST : 목적지 Istanbul

⑦ DK1 : 1좌석 확약

⑧ 1445 : 14시 45분 출발

⑨ 2015 : 20시15분 도착

📍 AMS-THR 자동 운임 화면

아래와 같이 경유 여정을 VL6MNL운임으로 예약 진행 한다면, 시스템은 AMS(Amsterdam)-IST(Istanbul)구간에 대해서는 자동으로 L클래스로 예약을 변경 요청할 것이다.

| | ① | ② | ③ | ④ | ⑤ | ⑥ | ⑦ | | ⑧ | ⑨ | |

	AL	FLGT	BK	DATE	TIME	FARE	BASIS	NVB	NVA	BG
AMS										
XIST	KK	2248	L	14FEB	1445	VL6MNL			14AUG	30
THR	KK	1184	V	14FEB	2345	VL6MNL			14AUG	30
XIST	KK	1185	V	11MAR	0600	VL6MNL			14AUG	30
AMS	KK	2247	L	11MAR	1135	VL6MNL			14AUG	30

```
EUR        242.00           14FEB AMS KK X/IST KK THR135.00KK X/IST
                            KK AMS135.00Q AMSAMS5.70NUC275.70END ROE 0.876291
EUR        10.88-CJ
EUR        12.43-RN         XT EUR 10.00-TR EUR 4.00-I6 EUR 3.50-IR
EUR        17.50-XT
EUR        282.81
BAG/OTHER SERVICES AT A CHARGE MAY BE AVAILABLE-ENTER FXK
BG CXR: 2•KK/2•KK
```

① 도시 : AMS Amsterdam

② AL : 탑승 항공사

③ FLGT : 항공편

④ BK : 예약 클래스

⑤ DATE : 탑승일

⑥ TIME : 현지 출발 시간

⑦ FARE BASIS : 적용 운임 코드

⑧ NVA : 최대 체류 기간 Not Valid After

⑨ BG : 허용 수하물 30Kg

　　** 적용 항공 운임(EUR242.00)

　　　세금(EUR10.88/12.43/17.50)

　　　총 합계(EUR282.81)

　GDS 예약 시스템은 해당 여정에 따른 항공 운임에 적용되는 예약 클래스를 올바르게 적용하여 예약을 변환시켜주는 자동 운임 기능이 있다. Fare Basis 코드를 통하여 VL6MNL의 운임이 적용되었음을 알수 있으며, 이 운임 사용시 KK항공사는 AMS-IST 구간에서는 예약 클래스를 V가 아닌 L로 적용하였음을 알 수 있다.

　자동 운임 기능은 항공 전문가가 할 수 있는 실수를 방지시켜 주며, 또한 좀더 효과적인 업무 진행과 경제적인 운임 산출을 도와준다. GDS내의 자동 운임 기능을 통하여 항공 예약과 발권을 진행할 경우 운임 산출을 잘못하여 운임 차액을 지불해야하는 위험성도 줄어 들게 되었다.

3 정상 운임 Normal Fare와 특별 운임 Special Fare

　항공사는 항공 운임을 더 많은 서비스와 유연성을 지닌 상위 요금과 제한된 선택 사항과 조건을 적용하는 하위 요금을 구분하여 판매한다. 이를 각각 정상 운임 Normal Fare, 특별 운임 Special Fare 이라고 한다.

- 정상 운임 Normal Fare :
  비제한적 운임 Unrestricted Fare,
  제한적 운임 Restricted Fare
- 특별 운임 Special Fare

🔍 정상 운임 내 비제한적 운임

일반적으로 정상 운임 Normal Fare는 가장 비싼 운임이 적용되므로 운임의 유연성이 크며 제약 조건이 적게 적용된다.

아래 GDS내의 화면은 대한항공 5924편/모스크바에서 인천까지 편도 여정에 대한 운임 조회 화면이다.

```
1SU:KE5924    J9 C9 D9 Y9 B9 M9 S9 /SVO D ICN 1      2055      1120+1E0/77W              8:30

20DEC **03JAN   /KE MOWSEL/NLX; RU/TPM                    4096/MPM     6506
LN FARE BASIS   OW      EUR      RT      B   PEN DATES/DAYS    AP    MIN   MAX   R
41 COWKE        2760                     C   90   -    -       -     -     -     R
42 JRTKE                      5600       J   90   -    -       -     -     -     R
43 FRTKE                      6500       F   90   -    -       -     -     -     R
44 JOWKE        3360                     J   90   -    -       -     -     -     R
20DEC **03JAN   /KE MOWSEL/NLX; RU/TPM                    4096/MPM     6506
LN FARE BASIS   OW      EUR      RT      B   PEN DATES/DAYS    AP    MIN   MAX   R
¥4JOWKE         3360                     J   90   -    -       -     -     -     R
FCL: JOWKE      TRF: 795 RULE: 5000 BK: J
PTC: ADT-ADULT                          FTC: JU -BUSSN PREMIUM UNRESTRICTED
PE.PENALTIES
BETWEEN EUROPE AND KOREA, REPUBLIC OF
ORIGINATING EUROPE -
      CHANGES/CANCELLATIONS
         ANY TIME
            CHARGE EUR 90.00 FOR NO-SHOW.
            CHILD/INFANT DISCOUNTS APPLY.
            WAIVED FOR DEATH OF PASSENGER OR FAMILY MEMBER.
```

MOW(Moscow)에서 SEL(Seoul)로 가는 편도 운임 중 JOWKE 운임 코드는 Business Class Premium Unrestricted fare를 의미한다. 운임 규정에 따르면, 이 운임을 구매한 승객은 구매 후 예약 변경 시 추가 수수료를 적용하지 않으며, 일정이 취소되었을 경우 항공 운임의 환불 수수료 또한 적용되지 않아 구매 금액을 모두 환불 받을 수 있다. 만약, 승객이 일정 변경으로 인하여 항공 예약의 취소나 변경을 출발전에 하지 않고 항공편을 이용하지 않았을 경우 항공사는 "예약 부도 No-show"승객, 즉 수속 시 탑승을 진행 하지 않는 승객으로 간주하여 수수료를 적용한다. 항공사는 승객이 취소 하지 않은 자리에 대해 판매 기회를 상실했으므로, 이로 인해 승객의 항공권 환불 시 No Show Fee를 적용하기로 하며, 위 운임의 경우에도 예약 변경이나 취소에 대한 수수료를 부과하지는 않지만, 예약 부도 수수료는 EUR90을 부과 함을 알 수 있다.

◉ 정상 운임 내 제한적 운임 Normal Restricted Fare

이 운임의 적용 규정에는 추가적인 제약 조건이 부여된다. 도중 체류, 예약 변경, 환불 등에 대한 추가 수수료가 발생되며, 이러한 규정은 어느 탑승 클래스, 즉 일등석에도 적용될 수 있다.

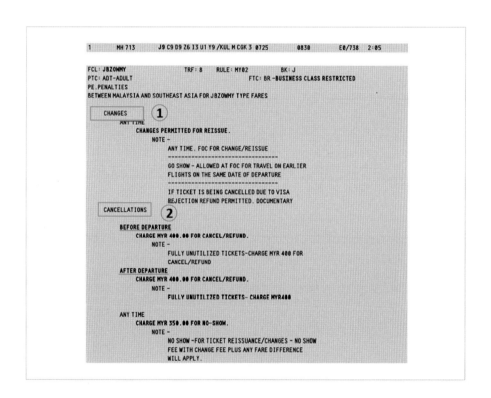

위 운임은 KUL(Kuala Lumpur)-JKT(Jakarta)구간의 JBZOWMY운임을 표기하며 J 클래스로 예약을 하는 Business Class Restricted Fare이다. 이 운임은 Unrestricted Fare와 마찬가지로 예약 변경 시 수수료가 발생하지는 않으나 출발 전후로 예약 취소를 할 경우 MYR400(말레이시아 통화 링깃)의 수수료가 발생되며, No-show 페널티(예약 부도 수수료-MYR350) 또한 발생된다.

① Changes : 예약 변경에 대한 규정
② Cancellations : 예약 취소에 대한 규정

　Before Departure 출발전 취소 규정

　After Departure 출발 후 취소 규정

　예약 부도 시 적용 수수료 규정

특별 운임 Special Fare

특별 운임은 정상 운임에 비해 비용이 상대적으로 적게 들지만, 더 제한적이다. 특별 운임은 프로모션 운임이라는 이름으로 불리우기도 하며, 모든 탑승 클래스 운임에 적용될 수 있다. 이러한 특별 운임은 아래와 같은 다양한 조건으로 제약 조건을 부과한다.

- 예약 변경 수수료 적용, 혹은 발권 후 예약 변경 불가
- 환불 수수료 적용, 혹은 발권 후 환불 불가
- 수하물 수수료
- 사전 예약 및 발권 조건
- 최소, 혹은 최대 체류 기간
- 비수기, 성수기 등의 출발 일자 제한

🎈 특별 운임의 예 1

IB(Iberia 항공) MAD(Madrid)-CAS(Casablanca) 여정의 일반석 왕복 운임 중 ORYNVY 운임 코드 규정

```
10JAN ••24JAN  /IB    MADCAS/NLX; EH/TPM        539/MPM     646
LN FARE BASIS   OW      EUR    RT    B    PEN   DATES/DAYS         AP    MIN    MAX   R
01ARYNVY                      106    A    NRF   -    -    •    •    -     12M    R
02AWYNVY        55            A    NRF   -    -    •    •    -     -     R
03 ORYNVY      ①     112    0    NRF   -    -    •    •    -     12M    R
FQN3
•• RULES DISPLAY ••                              TAX MAY APPLY
                                                 SURCHG MAY APPLY-CK RULE
10JAN ••24JAN  /IB MADCAS/NLX; EH/TPM            539/MPM     646
LN FARE BASIS   OW      EUR    RT    B    PEN   DATES/DAYS         AP    MIN    MAX   R
030RYNVY                      112    0    NRF   -    -    •    •    -     12M    R
FCL: ORYNVY    TRF: 21        RULE: VY02        BK: 0
PTC: ADT-ADULT                     FTC: PRO-ECONOMY CLASS PROMOTIONAL
FARE FAMILY               : OPTIMA
FARE FAMILY DESCRIPTION   : OPTIMA
CHANGES       ②
    BEFORE DEPARTURE
    PER DIRECTION CHARGE EUR 50.00.
    NOTE -
    PERMITTED UNTIL 2HRS BEFORE ORIGINALLY SCHEDULED FLIGHT. A CHANGE IS A
    DATE/FLIGHT/ROUTING/BOOKING CODE MODIFICATION.
    ---------------------------------------------------------------
    FARE CAN BE UPGRADED TO ANY EQUAL OR HIGHER FARE.
```

① 운임 코드와 왕복 운임 : ORYNVY, EUR112
② Changes : 출발 전 예약 변경에 대한 규정, 변경 시 EUR50

MAD(Madrid)-CAS(Casablanca)의 일반석 왕복 특별 운임, 즉 Economy Class Promotional fare ORYNVY 운임은 수수료를 지불하면 예약 변경이 가능하며, 구매 후 출발, 혹은 돌아오는 날짜의 예약 변경이나 탑승 클래스 변경, 여정, 항공편의 변경이 50EUR의 수수료를 지불하면 가능한 조건의 운임이다.

> 📍 **특별 운임의 예 2**
>
> BA(British Airways) MIA(Miami)-MAD(Madrid) 여정의 일반석 왕복 운임 중 OLX8T7B5 운임 코드 규정

```
10JAN **24JAN  /BA      MIAMAD/NLX; AT/TPM        4417/MPM      5300
LN FARE BASIS  OW      USD   RT   B    PEN   DATES/DAYS     AP          MIN   MAX   R
01 OLX8T7B5            22   0    NRF   S       -          *28*        7*    6M    R
02 OLX8T7B5            55   0    NRF   S       -          *28*        7*    6M    R
03*OLN8Z0B5           60   0    NRF   S       -          T10OCT*28*  *     12M   R
10JAN **24JAN  /BA      MIAMAD/NLX; AT/TPM        4417/MPM      5300
LN FARE BASIS  OW      USD   RT   B    PEN   DATES/DAYS     AP          MIN   MAX   R
01 OLX8T7B5            22   0    NRF   S       -          *28*        7*    6M    R
FCL: OLX8T7B5   TRF: 1        RULE: J505   BK: 0
PTC: ADT-ADULT               FTC: ERU-ECONOMY RT UNBUNDLED
FARE FAMILY              : NOBAG
FARE FAMILY DESCRIPTION  : BASIC ECONOMY
RU.RULE APPLICATION
FOR OLX8T7B5 TYPE FARES
SPECIAL ECONOMY HAND BAGGAGE ONLY FARES /ZERO BAGGAGE
ALLOWANCE MUST BE DISCLOSED TO CUSTOMER/
```

① 운임 코드와 왕복 운임 : OLX8T7B5, USD22

② 운임 규정 : 일반석 왕복 운임, 무료 수하물 적용 불가

OLX8T7B5운임은 MIA-MAD 여정의 일반석 왕복 운임, Economy Class Round Trip Unbundled Fare이다. 이 운임은 승객의 위탁 수하물을 허용하지 않으므로, 이 운임을 구매한 승객이 수하물이 있다면 추가 비용이 발생하게 된다.

📍 특별 운임의 예 3

KQ(Kenya 항공) DOH(Doha)-DAR(dar Es Salaam) 여정의 비즈니스석 클래스 왕복 운임 중 DSFQA 운임 코드 규정

```
100CT ••15SEP  /KQ      DOHDAR/NLX; EH/TPM        2373/MPM      2847
LN FARE BASIS  OW    QAR    RT    B    PEN   DATES/DAYS     AP        MIN  MAX  R
1R YFFQA           ①      6020  Y    550•  -      -         -         -    12M  R
19 DSFQA                  6540  D    •     -      -         -         -    12M  R
100CT ••15SEP  /KQ      DOHDAR/NLX; EH/TPM        2373/MPM      2847
LN FARE BASIS  OW    QAR    RT    B    PEN   DATES/DAYS     AP        MIN  MAX  R
19 DSFQA                  6540  D    •     -      -         -         -    12M  R
FCL: DSFQA   TRF: 34      RULE: QA01   BK: D
PTC: ADT-ADULT       ②   FTC: BX -BUSINESS CLASS EXCURSION
RU.RULE APPLICATION
KQ BUSINESS AND ECONOMY CLASS FARES.
APPLICATION
```

① 운임 코드와 왕복 운임 : DSFQA, QAR(Qatar Ryal 카타르 화폐단위)6540
② 운임 유형 : 비즈니스석 제한적 운임

특별 운임은 모든 탑승 클래스에 적용된다. DSFQA운임은 DOH-DAR구간의 Business Class Excursion 운임이다. 이 운임은 위탁 수하물, 예약 변경, 환불에 대한 수수료 적용은 없으나 excursion fare-특별 운임의 종류라고 표기된 것으로 보아 그 외의 다른 제약 조건이 적용될 수 있음을 예상할 수 있다.

> #### 🛫 특별 운임의 예 4
>
> KQ(Kenya 항공) IST(Istanbul)-YMQ(Montreal) 여정의 일반석 왕복 운임 중 VLT3PX 운임 코드 규정

```
05FEB ••19FEB  /TK       ISTYMQ/NLX; AT/TPM       4797/MPM      5756
LN FARE BASIS  OW    USD    RT    B      PEN   DATES/DAYS      AP        MIN  MAX  R
01 VLT3PX          ①        259   V      NRF   S20JUN   -      •        •SU•  12M  R
02 LLT3PX                   319   L      NRF   S20JUN   -      •        •SU•  12M  R
05FEB ••19FEB  /TK       ISTYMQ/NLX; AI/TPM       4797/MPM      5756
LN FARE BASIS  OW    USD    RT    B      PEN   DATES/DAYS      AP        MIN  MAX  R
01 VLT3PX                   259   V      NRF   S20JUN   -      •        •SU•  12M  R
FCL: VLT3PX    TRF: 101    RULE: TRPX    BK: V
PIL: ADT-ADULT        ②     FTC: XPX-INSTANT PURCHASE EXCURSION
RU.RULE APPLICATION
ECONOMY CLASS TK FARES
APPLICATION
```

① 운임 코드와 왕복 운임 : VLT3PX, USD259

② 운임 규정 : 예약 후 즉시 구매 조건

VLT3PX운임은 IST-YMQ구간간의 Economy Class Instant Purchase Excursion Fare이다. "Instant Purchase"의 의미는 항공권의 발권이 예약 시 혹은 예약 후 24시간 이내에 이루어 져야 하는 조건을 의미한다.

> 🔅 **특별 운임의 예 5**
>
> KL(KLM Royal Dutch Airline)을 이용하는 MEX(Mexico)-AMS(Amsterdam) 여정의 일반석
> 왕복 운임 중 AL1X77P1 운임 코드 규정

```
15JAN **29JAN  /KL       MEXAMS/NLX; AT/TPM        5735/MPM        6882
LN FARE BASIS  OW    USD    RT    B     PEN   DATES/DAYS      AP      MIN   MAX   R
08 AL1X77P1     ①         585   A     NRF   S -      B19OCT●  ●       7●    12M   R
15JAN **29JAN  /KL       MEXAMS/NLX; AT/TPM        5735/MPM        6882
LN FARE BASIS  OW    USD    RT    B     PEN   DATES/DAYS      AP      MIN   MAX   R
08 AL1X77P1               585   A     NRF   S -      B19OCT●  ●       7●    12M   R
                                             C30JUN -
FCL: AL1X77P1  TRF: 2①   RULE: 2PSN    BK: A
PTC: ADT-ADULT     ②          FTC: ZAP-PREMIUM ECONOMY ADVANCE PU
RU.RULE APPLICATION
MAIN CABIN FARES
```

① 운임 코드와 왕복 운임 : AL1X77P1, USD585
② 운임 규정 : 프리미엄 일반석 예약 후 즉시 구매 조건

KLM항공사의 AL1X77P1 fare basis code는 운임이 USD585인 Premium
Economy Advance Purchase이며, Premium Economy class를 탑승하는 운
임이다. 이 운임의 규정을 좀더 자세히 살펴보게 되면 몇가지 조건이 추가적으로
부가된다.

- 예약 변경이나 취소에 대한 수수료(PEN penalty=NRF non refundable)
- 제한된 여행 기간(DATES/DAYS=S-B19OCT@)
- 사전 구매 조건(AP=@)
- 최소 체류 기간(MIN=7@)
- 최대 체류 기간(MAX=12M)

4 | 운임 코드 Fare Basis Code에 대한 이해

항공 운임의 종류는 매우 다양하며, 각각의 운임은 운임을 표기하는 코드 Fare Basis Code를 가지고 있다. 이는 항공권에 표기가 되어 항공권 추적이나 사용된 항공 운임의 조건 등을 확인하기 위해 꼭 필요하다. 운임 코드 Fare Basis Code를 설정하는 데에는 정해진 형식은 없으며 각 항공사들은 각각의 항공 운임에 대해 고유 운임 코드 Fare Basis Code를 설정한다. 하지만, 대부분의 항공사들은 일반적으로 정해진 규칙을 따라 운임 코드 Fare Basis Code를 적용하며 이를 통해 운임에 대한 전반적인 이해를 할 수 있다.

☑ 운임 코드의 표기 방식

운임 코드에 사용되는 문자들은 운임 규정 조건에 대한 이해를 도우며, 운임 규정은 이러한 조건들에 대한 상세 내용을 자세히 표기 한다.

☑ 운임 코드 표기 방식의 예

	Type of fare condition	Sample FBC	Explanation
①	Reservation booking designator (RBD)	YBIZ3M	Y is the RBD for this fare
②	Fare type	GFLXSTAR9	FLX indicates this is a flex fare
③	Minimum and maximum stay	QSR3M	3M at the end of the FBC indicates the fare allows a maximum stay at destination of three months after departure
④	Passenger type code	HLNCEB/CH25	CH25 indicates that a 25% fare discount is offered for a child
⑤	Carrier validity	WSTD8BA	BA indicates this fare is valid on British Airways (BA) services only
⑥	Country of commencement of travel	UNCBSCPL	PL indicates this fare applies from country of origin Poland
⑦	Seasonality Day of Week	VHW6M	H represents travel in high season, the most expensive period to travel for this fare. Generally we see three seasons: L low season K shoulder season H high season The day-of-week travel code normally appears after the seasonality code. **W** stands for weekend travel which is more expensive than midweek (**X**) travel. Some airlines may display day-of-week travel code "N". N means *no restriction* for travel on *any* day of the week. There is no global definition to categorize a day as midweek or weekend. For example, Friday may be considered midweek travel on one fare type and carrier while another considers Friday to be weekend travel. The only way to know which days are midweek or weekend is by reading the fare rule category.

① 예약 클래스 : YBIZ3M 운임 예약 시 Y클래스로 예약

② 운임 유형 : GFLXSTAR9 운임에서 FLX는 제약 조건이 많지 않은 운임임을 표기

③ 최소/최대 체류 기간 조건 : QSR3M 운임에서 3M은 출발 후 최대 3개월까지 여행을 완료시키는 기간에 대한 명시

④ 승객 유형 표기 : HLNCEB/CH25 운임에서 CH25는 성인 운임에서 소아 할인 25%를 적용함을 의미

⑤ 적용 항공사 표기 : WSTD8BA 운임은 BA(British Airways) 이용시 사용 가능한 운임

⑥ 여행 시작 국가 표기 : UNCBSCPL 운임에서 PL(국가코드)은 출발 국가가 폴란드일 경우 적용 가능한 운임

⑦ 주중/주말 출발 표기 : VHW6M

H-출발 날짜가 성수기 High Season일 경우

L-출발 날짜가 비수기 Low Season일 경우

K-출발 날짜가 준성수기 Shoulder Season일 경우

X-출발 날짜가 주중일 경우(월,화,수,목)

W-출발 날짜가 주말일 경우(금,토,일)

⚙ 운임 코드 GHXSAO에 적용되는 규정 표기 방식

SAO(Sao Paulo)-JNB(Johanesburg) 구간의 GHXSAO 운임 규정은 아래와 같이 해석할 수 있다.

G : 예약 클래스 Booking Class Code

H : 성수기 운임 High Season

X : 주중 출발 운임 Travel must be on Weekdays(월,화,수,목)

SAO : 출발지 표기

```
22JAN ••05FEB        /SA     SAOJNB/NLX; AT/TPM          4634/MPM     5560
LN FARE BASIS        OW      USD    RT    B     PEN      DATES/DAYS   AP    MIN   MAX   R
01 GHXSAO                           615   G     •        S27FEB 1234•  •     -    12M   R
                                                         B290CT -

FQN01
•• RULES DISPLAY ••                                      TAX MAY APPLY
                                                         SURCHG MAY APPLY-CK RULE
22JAN ••05FEB        /SA     SAOJNB/NLX; AT/TPM          4634/MPM     5560
LN FARE BASIS        OW      USD    RT    B     PEN      DATES/DAYS   AP    MIN   MAX   R
01 GHXSAO                           615   G     •        S27FEB 1234•  •     -    12M   R
                                                         B290CT -

FCL: GHXSAO          TRF: 27          RULE: SAVE    BK: G
PTC: ADT-ADULT                        FTC: XAP-ADVANCE PURCHASE EXCURSION
RU.RULE APPLICATION
SOUTH AFRICAN AIRWAYS SAVER FARES
    APPLICATION
            AREA
                THESE FARES APPLY
                FROM AFRICA TO AREA 1.
            CLASS OF SERVICE
                THESE FARES APPLY FOR ECONOMY CLASS SERVICE.
SE.SEASONS
BETWEEN AREA 1 AND AFRICA FOR HIGH SEASON FARES

    ORIGINATING AREA 1 -
        PERMITTED 01JUL THROUGH 15JUL OR 03DEC THROUGH 27FEB ON
        THE OUTBOUND TRANSATLANTIC SECTOR.

    ORIGINATING AFRICA -
        12DEC THROUGH 23DEC ON THE OUTBOUND TRANSATLANTIC
        SECTOR.
DA.DAY/TIME
FOR GHXSAO TYPE FARES

    PERMITTED MON/TUE/WED/THU.
```

Study Check

1. 아래 내용 중 올바른 내용을 고르시오.

(a) 일등석 예약은 항상 A클래스로 예약을 한다.

(b) 항공 운임 조회 시 좌석 가능 여부도 확인할 수 있다.

(c) 운임 코드는 알파벳과 숫자의 조합이다.

(d) 한 개의 운임 코드는 여러개의 예약 클래스를 적용한다.

2. 아래 내용 중 올바른 내용을 고르시오.

(a) 운임 코드는 2개의 다른 운임을 동시에 표기할 수 있다.

(b) 일반적으로 운임 코드의 첫 알파벳은 예약 클래스이다.

(c) 예약 클래스는 숫자로 표기된다.

(d) 모든 항공기종은 4개의 탑승 클래스로 구성된다.

* 아래 운임 조회 화면을 보고 질문에 답하시오.(3번~5번)

```
1LH    457   F4   A0  J7  C0  D0  Z0  P5  LAXFRA   1535      1130      321   B  0  1  AT /E
             G9   E6  N6  Y6  B0  M9  U0  H0  Q0   V0   W0   S0   T0   L0

1LH    456   F9   A2  J9  C9  D9  Z0  P9  FRALAX   1025      1320      380   B  0  1  AT /E
             G9   E9  N6  Y9  B9  M9  U7  H6  Q0   V0   W0   S0   T0   L0


V    FARE BASIS      BK      FARE     TRAVEL-TICKET AP      MIN/MAX  RTG
1    HHX07RCE        H   R   1190.00  ----          -/3     7/12M    AT01
2    EHX38RCE        E   R   1202.00  ----          3/3     ¥¥/12M   AT01
3    HHW07RCE        H   R   1282.00  ----          -/3     7/12M    AT01
4    EHW38RCE        E   R   1282.00  ----          3/3     ¥¥/12M   AT01
5    HHX06RCE        H   R   1502.00  ----          -/3     SU/12M   AT01
6    HHW06RCE        H   R   1582.00  ----          -/3     SU/12M   AT01
7    UHX03RCE        U   R   1802.00  ----          -/3     3/12M    AT01
8    UHW03RCE        U   R   1882.00  ----          -/3     3/12M    AT01
9    EHX30RCE        E   R   2202.00  ----          3/3     -/12M    AT01
10   EHW30RCE        E   R   2282.00  ----          3/3     -/12M    AT01¥


V    FARE BASIS      BK      FARE     TRAVEL-TICKET AP      MIN/MAX  RTG
2    EHX38RCE        E   R   1202.00  ----          3/3     ¥¥/12M   AT01
PASSENGR TYPE-ADT                     AUTO PRICE-YES
FROM-LAX TO FRA       CXR-LH   TVL-19JUN          RULE-E620           IPRA/1
FARE BASIS-EHX38RCE                   SPECIAL FARE            DIS-E   VENDOR-ATP
FARE TYPE-ZAP                RT-PREMIUM ECONOMY ADVANCE PURCHASE
USD  1202.00          0400    E29JUL   D-INFINITY  FC-EHX38RCE         FN-
```

3. EHX38RCE 운임을 이용하는 승객이 이용하는 예약 클래스를 고르시오.

  (a) H

  (b) U

  (c) E

  (d) R

4. 다음 중 운임 조회 화면에서 확인되는 내용을 고르시오.

  (a) 모든 운임은 일반석 편도 운임 요금 이다.

  (b) LH(Lufthansa) 항공을 이용하는 운임이다.

  (c) 가장 비싼 운임의 예약 클래스는 U 클래스이다.

  (d) 가장 싼 운임의 예약 클래스는 H 클래스이다.

5. 좌석 조회 화면에서 FRA(Frankfurt)-LAX(Los Angeles) 구간 중 좌석 확약이 불가능한 예약 클래스를 고르시오.

  (a) H

  (b) Q

  (c) A

  (d) U

Chapter 04

환율 규정
Currency Rules

04
환율 규정
Currency Rules

개요

- 여정이 단순히 출발지에서 목적지로 가는 직항 여정이 아닐 경우 항공 운임
  의 표기는 어떻게 할 것인가? 출발지에서 목적지 사이의 중간 지점이 생길 경
  우, 각 구간의 운임 요소가 각각 다른 통화로 계산이 된다면, 공통 화폐 단
  위가 없을 경우 운임 계산은 매우 복잡하게 된다.
- 항공 운임은 기본적으로 출발지 국가의 통화를 사용한다. 각국의 통화가 각
  자 다르므로 서로 다른 통화를 적용하여 운임을 계산할 경우 운임의 환산 방
  식이 다양하고 복잡할 수 있으므로, 항공 운임을 표기할 경우 공통 화폐 단
  위, 즉 NUC(Neutral Unit of Construction)를 출발지국 통화와 같이 사용하여 표기하
  기로 한다.

- 항공 운임 표기 시 출발지 국가의 통화를 사용하지 않을 경우도 있다. 자국의 화폐 단위가 너무 크거나, 환율 변화에 크게 영향을 받을 경우 USD, 혹은 EUR 통화를 사용하여 항공운임을 표기하기도 한다.
- Neutral Unit Of Construction(NUC)은 현지 화폐 단위로 바꾸어 주는 공통 화폐 단위 역할을 하며, 여행을 시작하는 국가, 즉 Country of Commencement of Travel(COC)에 따라 항공 운임의 화폐 단위가 결정된다. 항공 운임에 적용되는 출발지 국가의 화폐 단위를 공통 통화 단위로 환산하여 적용하는 방식에 대해 살펴보기로 한다.

⊘ 항공권 발권 시 USD 사용 국가

페루, 미얀마, 필리핀 등

RGN(Yangoon)-SEL(Seoul)-RGN(Yangoon) 일반석 왕복 운임 표기 : USD1340

미얀마에서 사용하는 자국 통화가 있음에도 불구하고, 미얀마에서 발행하는 항공권은 USD표기를 기준으로 한다. 미얀마 내의 여러 가지 경제 상황과 통화의 안정성 등이 입증되면, 자국 통화를 사용하는 항공 운임 표기 방식으로 바뀔수 있다.

```
--------------------------------------------------------------
      AL FLGT  BK    DATE  TIME  FARE BASIS      NVB  NVA   BG
RGN
SEL KE   472 Y     14JUN 2315  YRTKE                14JUN 1P
RGN KE   471 Y     20JUN 1850  YRTKE                14JUN 1P

USD  1340.00       14JUN21RGN KE SEL670.00KE RGN670.00NUC
KRW  1485100       1340.00END ROE1.000000
KRW     2000-YQ    XT KRW 28000-BP KRW 7400-C7 KRW 22200-MM
KRW    44400-YR
KRW    57600-XT
KRW  1589100
```

⊘ 항공권 발권시 EUR 사용 국가

러시아, 아르메니아, 벨라루스, 조지아, 타지키스탄, 우즈베키스탄, 남아프리카 등

MOW(Moscow)-SEL(Seoul)-MOW(Moscow) 일반석 왕복 운임 표기 : EUR2100

```
----------------------------------------------------------------
      AL FLGT  BK   DATE   TIME  FARE BASIS      NVB   NVA   BG
MOW
  SEL KE   924 Y    14JUN 1855  YRTKE                 14JUN 1P
  MOW KE   923 Y    20JUN 1335  YRTKE                 14JUN 1P

  EUR  2100.00      14JUN21MOW KE SEL1236.94KE MOW1236.94NUC
  KRW  2841000      2473.88END ROE0.848864
  KRW     2000-YQ   XT KRW 28000-BP KRW 19900-RI KRW 19900-RI
  KRW   216600-YR
  KRW    67800-XT
  KRW  3127400
```

- 여정이 단순히 출발지에서 목적지 간의 여정 구성이 아니라 중간 경유 지점이 있을 때, 통일된 화폐 단위를 사용하지 않고 구간마다 각각 다른 통화를 적용한 운임을 책정한다면 각 요금을 합산하기 위해 매우 비효율적인 방식으로 계산을 해야 하는 번거로움이 생기게 된다. 통일된 통화, 즉 NUC(Neutral Units of Construction)를 적용하여 운임을 계산하는 방법과 NUC를 현지 통화로 환산하는 방법에 대해 알아보자.

1   NUC Neutral Unit of Construction의 정의

- NUC란 항공 운임을 표기하기 위한 가상 화폐 단위로 각 국가의 화폐 단위가 상이하므로, 운임의 표기를 일원화 시키기 위하여 설정 되었다. NUC는 US Dollar와 동일한 수준으로 적용되므로, 결론적으로 US Dollar를 사용하는 국가는 USD 운임과 동일한 NUC을 사용하게 된다.

- 직항 노선이 아닐 경우 각 국가의 해당 통화가 결합 될 경우가 생기고, 운임 마디가 나누어진다면 어떻게 할 것인가? 각각 다른 통화를 사용하여 비교, 합산하는 것은 불가하므로 NUC, 즉 가상의 공통 화폐 단위를 통한 운임 계산을 한다면 더욱 쉽게 운임을 확인할 수 있다.

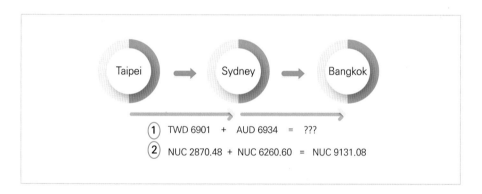

- TPE(Taipei)-SYD(Sydney)-BKK(Bangkok) 여정의 경우 TPE-SYD는 타이완 달러(TWD)로, SYD-BKK은 오스트리안 달러(AUD)로 계산이 된다면 각 구간의 운임을 바로 결합하기에 불가하므로 NUC로 환산 후 더하는 방식을 채택하기로 한다.

① TPE-SYD항공 운임 = TWD6901(Taiwan Dollar)

　SYD-BKK항공 운임 = AUD6934.00(Austrian Dollar)

　두 구간의 운임을 합산 하려면 운임 중 하나의 통화를 변경하여 합산하여야 한다.

② TPE-SYD항공 운임 = NUC2870.48

  SYD-BKK항공 운임 = NUC6260.60

  총 항공 운임 = NUC9131.08

- NUC의 값을 통해 TPE-SYD운임보다 SYD-BKK운임이 더 높음을 비교할 수 있으며 운임의 차도 쉽게 파악할 수 있다.

항공 운임 내 NUC표기의 예-홍콩 출발

```
      ------------------------------------------------------------
          AL FLGT  BK   DATE  TIME  FARE BASIS      NVB  NVA   BG
      HKG
      TPE CX        Y   08JUL        YOWHK                     30
      BKK CX        Y              YOW   ①                     30

  ②  HKD    12210         08JUL21HKG CX TPE483.32CX BKK1089.35NUC
     KRW  1784400         1572.67END ROE7.758773
     KRW    29200-YR      XT KRW 13200-G3 KRW 17600-HK KRW 7400-I5
     KRW     1400-YR      KRW 1300-E7 KRW 600-G8
     KRW    40100-XT
     KRW  1855100
```

① HKG-TPE항공 운임 = NUC483.32/CX(Cathay Pacific)

  TPE-BKK항공 운임 = NUC1089.35

  총 항공 운임 = NUC1572.67

② 항공 운임 = HKD12210(출발지 국가의 통화로 환산)

  항공 운임 환산 방식 = NUC1572.67 X ROE7.758773

🔍 항공 운임 내 NUC표기의 예-한국 출발

```
-------------------------------------------------

     AL FLGT  BK   DATE  TIME  FARE BASIS     NVB  NVA   BG
 SEL
 TPE CX       Y    08JUL       YOW3                      30
 TYO CX       Y                YOW3                      30

②KRW  1599200       08JUL21SEL CX TPE307.25CX TYO1127.75NUC
                    1435.00END ROE1114.393734
    KRW     29200-YR        ①
    KRW      2800-YR

    KRW   1631200
```

① SEL-TPE항공 운임 = NUC307.25/CX(Cathay Pacific)

 TPE-TYO항공 운임 = NUC1127.75

 총 항공 운임 = NUC1435.00

② 항공 운임 = KRW1,599,200(출발지 국가의 통화로 환산)

 항공 운임 환산 방식 = NUC1435.00 X ROE1114.393734

2 IATA 환율(IROE) IATA Rate of Exchange

• IROE란 출발지 국 통화를 NUC로 환산시켜주는 환율을 의미한다. IROE는 PAT(Passenger Air Tariff)에 아래와 같이 제공되며, 일년에 4번, 즉 3개월에 한번씩 USD환율 변화에 영향을 받아 변동 적용된다. 하지만, 환율의 커다란 변화나 경제 위기 같은 예외적인 상황에서는 주기적인 변동 이외에 추가 변동도 적용된다.

IROE 표기의 국가별 적용 예

Lim	Country	Currency Name	ISO Code Alpha	ISO Code Numeric	From NUC	Local Curr. Fares	Other Charges	Decimal Units	Notes
	Afghanistan	US Dollar	USD	840	1.000000		0.1	2	
+	Afghanistan	Afghani	AFN	971	49.500000		1	0	2, 8
	Albania	euro	EUR	978	0.810635		0.01	2	
+	Albania	Lek	ALL	8	NA		1	0	22
+	Algeria	Algerian Dinar	DZD	12	86.906400	)	1	0	
	American Samoa	US Dollar	USD	840	1.000000		0.1	2	5
	Angola	US Dollar	USD	840	1.000000		0.1	2	5
+	Angola	Kwanza	AOA	973	101.834000		1	0	2, 8
	Anguilla	US Dollar	USD	840	1.000000		0.1	2	5
	Anguilla	East Caribbean Dollar	XCD	951	2.700000		0.1	2	2, 5
	Antigua Barbuda	East Caribbean Dollar	XCD	951	2.700000		0.1	2	2
	Antigua Barbuda	US Dollar	USD	840	1.000000		0.1	2	5
	Argentina	US Dollar	USD	840	1.000000		0.1	2	5
+	Argentina	Argentine Peso	ARS	32	8.546600		0.1	2	1, 2, 5, 8
	Armenia	euro	EUR	978	0.810635		0.01	2	
+	Armenia	Armenian Dram	AMD	51	452.500000		1	0	8, 22
	Aruba	Aruban Guilder	AWG	533	1.790000		1	0	
	Australia	Australian Dollar	AUD	36	1.199437		0.1	2	8, 17
	Austria	euro	EUR	978	0.810635		0.01	2	
+	Azerbaijan	Azerbaijanian Manat	AZN	944	0.783840	01	0.1	2	8, 22
	Azerbaijan	euro	EUR	978	0.810635		0.01	2	
	Bahamas	US Dollar	USD	840	1.000000		0.1	2	5

IATA 환율 적용 방식

- IROE를 사용하여 NUC로 환산하는 방법은 아래와 같다.

```
Example:  Routing: AKL JKT
          FCP              AKL JKT
          NUC              4661.44       CIF
          (COC: New Zealand) IROE X 1.296807   (use multiplication)
          LCF              NZD 6045.00
```

위 여정은 AKL(Auckland)-JKT(Jakarta) 구간이며, 편도 운임의 표기가 NUC4661.44일 경우, 뉴질랜드 출발에 적용되는 IROE 1.296807을 적용하여 출발지국 통화로 환산할 수 있다.

: NZD(뉴질랜드 달러)6045.00 = 4661.44 X 1.296807

항공 운임의 NUC와 IROE 표기의 예-한국 출발

```
        AL FLGT  BK    DATE  TIME  FARE BASIS      NVB   NVA   BG
   SEL
   HKG CX   417 Y    14FEB 1010  YRT3                         30
   SEL CX   438 Y    20FEB 0810  YRT3                         30

   KRW   1002200     14FEB21SEL CX HKG444.57CX SEL444.57NUC
                     889.14END ROE1127.131915
   KRW     28000-BP  XT KRW 17100-HK KRW 7200-I5
   KRW     12800-G3
   KRW     24300-XT
   KRW   1067300
```

- KRW1,002,200_(항공 운임의 출발지국 통화 표기)

  = IROE 1127.131915 X NUC889.14_(444.57 + 444.57)

항공 운임의 NUC와 IROE 표기의 예-홍콩 출발

```
        AL FLGT  BK    DATE  TIME  FARE BASIS      NVB   NVA   BG
   HKG
   SEL KE       Y    08JUL       YRTLJ                  08JUL 1P
   HKG KE       Y                YRTLJ                  08JUL 1P

   HKD      4100     08JUL21HKG KE SEL264.21KE HKG264.21NUC
                     528.42END ROE7.758773
   HKD       200-YR  XT HKD 120-HK HKD 50-I5
   HKD        90-G3
   HKD       170-XT
   HKD      4560
```

- HKD4100_(항공 운임의 출발지국 통화 표기)

  = IROE 7.758773 X NUC528.42_(264.21 + 264.21)

3 ┃ 통화 표기 규정

◉ NUC 표기 규정

NUC는 소숫점 이하 2째자리 까지 표기하며, 그 이하의 숫자는 반올림과 같은 절상, 혹은 절하 등을 적용하지 않는다. 즉, 소숫점 2째자리 이하는 표기하지 않는다.

⑩ NUC 412.7984는 NUC 412.79

　 NUC 2132.0130은 NUC 2132.01

```
        AL FLGT  BK    DATE  TIME  FARE BASIS      NVB  NVA   BG
    SEL
    BKK KE   657 Y   10FEB 0915  YRTKE              10FEB 1P
    SEL KE   654 Y   15FEB 0100  YRTKE              10FEB 1P

    KRW   1320000     10FEB21SEL KE BKK585.55KE SEL585.55NUC
                      1171.10END ROE1127.131915
    KRW     28000-BP  XT KRW 1300-E7 KRW 600-G8 KRW 600-G8 KRW
    KRW      1300-E7  25800-TS
    KRW     28300-XT
    KRW   1377600
```

◉ 출발지국 통화 규정

각 출발지국 통화는 통화의 자릿수를 규정하는 원칙에 따라, 항공 운임과 추가로 지불해야 하는 세금의 통화를 표기하기로 한다. 자릿수를 규정하는 방식은 아래와 같이 2가지 적용 방식이 있다.

☑ Full Adjustment(운임 올림)

INR(Indian Rupee)의 통화는 항공 운임 산출 시 5단위로 절상하는 방식을 채택한다. 운임 이외에 추가로 지불해야하는 세금등에 대해서는 1단위로 절상하는 방식을 적용하기로 한다.

GDS내의 INR 통화 단위 규정에 대한 설명

```
FQC13345INR/INR
BSR CONVERSION OF INR TO INR
INR 13345 - ROUNDED AS FARES
INR 13345 - ROUNDED AS OTHER CHARGES
INR 13345 - AMOUNT TRUNCATED
BSR USED 1 INR = 1.00 INR

ROUNDING OF FARES UP TO 5 INR
ROUNDING OF OTHER CHARGES UP TO 1 INR


INR - INDIAN RUPEE
```

GDS내의 인도 출발 운임 표기

```
--------------------------------------------------------------
     AL FLGT  BK   DATE  TIME  FARE BASIS      NVB  NVA    BG
 DEL
 BKK TG      Q    08JUL        Q1LOSV          08JUL08JUL 20

 INR    13345      08JUL21DEL TG BKK182.93NUC182.93END ROE
                   72.948901
 INR    1492-YQ    XT INR 743-K3 INR 1057-P2 INR 91-WO INR 82
 INR      63-IN    -E7 INR 35-G8
 INR    2008-XT
 INR    16908
```

출발지국 통화로 환산하는 항공 운임 계산 방식은 아래와 같다.

NUC182.93 X IROE72.948901 =INR13344

INR13344를 5단위로 절상하여 INR13345로 표기하기로 한다.

◉ GDS내의 KRW 통화 단위 규정에 대한 설명

```
    ROUNDING OF FARES UP TO 100 KRW
    ROUNDING OF OTHER CHARGES UP TO 100 KRW

    KRW - S.KOREAN WON
    KRW - S.KOREAN WON
```

◉ GDS내의 한국 출발 운임 표기

```
LAST TKT DTE 09JUL21 - DATE OF ORIGIN
-------------------------------------------------------------
     AL FLGT  BK   DATE  TIME  FARE BASIS    NVB  NVA   BG
  SEL
  ROM KE      Y    09JUL       YOW               09JUL 1P

  KRW  1661200       09JUL21SEL KE ROM1490.67NUC1490.67END ROE
                     1114.393734

  KRW    31200-YR


  KRW  1692400
```

출발지국 통화로 환산하는 항공 운임 계산 방식은 아래와 같다.

NUC1490.67 X IROE1114.393734 = KRW1,661,193

KRW1661193를 100단위로 절상하여 KRW1,661,200으로 표기하기로 한다.

☑ **Half Adjustment**(가장 가까운 운임으로의 올림 혹은 내림)

USD(US Dollar)의 통화는 항공 운임 산출 시 0.5를 기준으로 절상, 혹은 절하하는 방식을 채택한다.

GDS내의 통화 단위 규정에 대한 설명

```
FQC1178USD/USD
BSR CONVERSION OF USD TO USD
USD 1178.00 - ROUNDED AS FARES
USD 1178.00 - ROUNDED AS OTHER CHARGES
USD 1178.00 - AMOUNT TRUNCATED
BSR USED 1 USD = 1.00 USD

ROUNDING OF FARES TO NEAREST 1.00 USD
ROUNDING OF OTHER CHARGES TO NEAREST 0.01 USD

USD - US DOLLAR
```

IROE는 USD를 기준으로 적용하므로 USD로 환산하는 IROE는 항상 1.000000이며, USD 통화의 운임 표기 방식은 1과 근접할 경우 1USD까지 반올림하며, 0과 근접할 경우 버림을 하는 형식이다.

GDS내의 미국 출발 운임 표기

```
--------------------------------------------------------
      AL FLGT  BK   DATE   TIME   FARE BASIS      NVB   NVA    BG
 LAX
 SEL UA       Q    08JUL         QKE0ISB0        08JUL08JUL 1P

USD   1178.00       08JUL21LAX UA SEL Q500.00 678.00NUC1178.00
KRW   1342800       END ROE1.000000
KRW    176700-YQ    XT KRW 21800-US KRW 5200-XF LAX4.50
KRW      6400-AY
KRW     27000-XT
KRW   1552900
```

4	국가별 주요 통화 표기

각 GDS는 시스템을 통하여 각국 통화의 표기 규정에 대한 정보를 제공하며, 각국의 통화는 3자리 알파벳을 사용하여 표기하게 된다.

아래 표는 대표적으로 사용하는 국가별 통화 표기이며, 항공 운임의 표기는 출발지국 통화를 반영하게 된다. 만약, 출발지 국가가 한국이지만 미국에서 항공권 발권을 진행하고자 한다며, GDS는 출발지 국가의 운임과 발권이 이루어지는 국가의 통화를 동시에 표기하여 운임 지불을 용이하게 한다.

🔹 국가별 통화 표기

Country Code	Country	Currency Code	Currency
KR	South Korea	KRW	Korean Won
US	U.S.A	USD	US Dollar
FR	France	EUR	Euro
CH	Switzerland	CHF	Swiss Franc
GB	Unite Kingdom	GBP	Pound
TH	Thailand	THB	Thai Baht
SG	Singapore	SGD	Singapore Dollar
IN	India	IDR	Indian Rupee
JP	Japan	JPY	Japanese Yen
CN	China	CNY	Chinese Yuan
ID	Indonesia	IDR	Indonesia Rupiah
CA	Canaca	CAD	Canadian Dollar
AU	Australia	AUD	Australian Dollar
DK	Denmark	DKK	Danish Krone
HK	Hong Kong	HKD	Hong Kong Dollar

🔍 출발지 국가-미국/발권지 국가-한국의 운임 표기 예

항공 운임은 출발지 국가의 통화를 따라 표기하게 되며, 만약 출발지 이외의 지역에서 발권을 진행하게 된다면, 승객은 발권지 국가의 지불 통화를 사용하게 될 것이다. 아래 운임의 경우 승객의 출발은 미국이지만 항공권을 대리 지불하는 사람이 한국에 있을 경우, 한국에서 발권이 이루어 지므로, 한국내에서 사용하는 통화, 즉 KRW를 통하여 발권이 진행 되게 된다.

그러므로, 항공 운임의 표기는 출발지 국가의 운임이 표기되고, 또한, 지불 국가에서 적용하는 운임이 동시에 표기되게 된다.

> 출발지 국가의 운임-USD1178.00
> 발권지 국가의 운임-KRW1,342,800

```
        AL FLGT  BK   DATE  TIME  FARE BASIS      NVB  NVA   BG
  LAX
  SEL  UA       Q    08JUL       QKE0ISB0        08JUL08JUL 1P

  USD  1178.00       08JUL21LAX UA SEL Q500.00 678.00NUC1178.00
  KRW  1342800       END ROE1.000000
  KRW   176700-YQ    XT KRW 21800-US KRW 5200-XF LAX4.50
  KRW     6400-AY
  KRW    27000-XT
  KRW  1552900
```

Study Check

1. 아래 국가 중 항공 운임을 Euro로 표기하는 국가는?

   (a) South Korea   (b) Tajikistan

   (c) Australia   (d) Thailand

2. 아래 국가 중 항공 운임을 USD로 표기하는 국가는?

   (a) China   (b) Philippines

   (c) Singapore   (d) India

3. 아래 국가 중 항공 운임을 자국의 통화로 표기하지 않는 국가는?

   (a) South Korea   (b) U.S.A

   (c) Canada   (d) Myanmar

4. 다음 중 NUC를 올바르게 표기한 방식은?

   (a) NUC 1450.50

   (b) NUC 1450.5

   (c) NUC 1450.495

   (d) NUC 1450.4950

5. 다음 중 각국의 항공 운임을 세계 공통화폐 단위로 적용할 때 사용 하는 환율은?

   (a) NUC

   (b) USD

   (c) IROE

   (d) EUR

항공사
운임개론

Chapter 05

마일리지 운임과
여정 운임

05
마일리지 운임과
여정 운임

 개요

- 지금까지 항공사들은 출발지부터 목적지까지 다양한 항공 운임을 적용하고 있으며 이들 운임은 각자 고유한 운임 코드 Fare Basis Code를 사용하고 있음을 습득하였다. 그러면, 만약 두 구간 사이 직항편이 제공되지 않을 경우, 그리고 다른 경유지가 연결편으로 발생 할 경우 운임을 어떻게 적용할 것인가? 여정이 하나 혹은 여러 도시를 중간 경유 지점으로 포함하고 있을 때 직항 운임을 적용할 수 있는지, 없는지에 따라 항공 운임은 큰 차이가 날 것이다. 운임 산출 방식 중 마일리지 운임 Mileage Fare 적용 방식과 여정 운임 Routing Fare 적용 방식을 살펴보고 각 운임에 대한 운임 규정을 적용해 보자.
- 경유지가 있는 여정의 요금을 계산할 경우 출발지에서 목적지까지의 운임이 경유지, 혹은 도중 체류지가 있을 경우 직항 운임을 그대로 적용 할 수 있는지

에 대한 운임 확인 방식에는 마일리지 운임과 여정 운임의 2가지 적용 방식이 있다.

- 모든 중간 지점을 포함하는 운임 구성 요소가 출발지부터 목적지까지의 마일리지 내에 기반을 둔다면 이를 마일리지 운임 적용 방식이라고 부른다. 마일리지 운임 여정은 출발지에서 목적지까지의 여정 중 중간 체류지 등이 생겼을 경우 출발지에서 목적지까지의 적용 가능한 항공 운임이 도중 체류지를 경유함으로 인해 발생하는 운임의 증가분을 추가 비용 Surcharge를 이용하여 5~25%까지의 할증 적용하여 사용할 수 있는 방식을 채택한다.

- 모든 중간 지점을 포함하는 운임 구성 요소가 정해진 여정 구조와 일치하게 되면 각 지점 간 여정이 아닐 경우라도 출발지부터 목적지까지의 직항 운임을 적용할 수 있으며, 이를 여정 운임 적용 방식이라고 부른다.

1 마일리지 운임과 여정 운임 개요

- 항공 운임을 조회할 때에 항공 운임이 여정 운임을 적용하는지, 혹은 마일리지 운임을 적용하는지를 어떻게 식별할 것인가? 두가지 운임 적용 방식은 아래 운임 조회 화면에서 확인 할 수 있다.

◎ 운임 조회 화면의 예 1

```
FQDAMSHKG
LN Line number      FARE BASIS    OW   EUR   RT      AL Airline   R
01                  TL6M2BEF                 69      HU           R
02                  TL6M1BEF                 79      HU           R
03                  Z6P3NLS                  90      MU           R
04                  VN3XPCSB                 105     TK           R
05                  OLHP0SMN                 109     VS           R
06                  OLNCEUR                  109     BA           R
07                  AL6M2BE                  109     HU           M
```

- 위 운임 조회 화면은 AMS(Amsterdam) 에서 HKG(Hong Kong) 까지 적용되는 모든 운임을 조회 했을 때 보여지는 화면이다. 마지막 Column에 "R", 혹은 "M" 이라고 표기가 되어 있으며, 이 표시는 각각 "R"은 "Routing Fare" 여정 운임, "M"은 "Mileage Fare" 마일리지 운임 적용 방식을 의미한다. 이 운임 화면에서 1번 운임(LN:Line Number)은 HU(Hainan Airlines) 항공사의 여정 운임을 적용한 항공 운임이다. 이 운임의 Fare Basis Code는 TL6M2BEF이며 왕복 운임(RT)으로 69EUR를 적용 한다.

  7번 운임은 이 운임이 마일리지 운임(M) 방식을 사용하고 있음을 표기한다. HU항공사의 운임 코드 Fare Basis-AL6M2BE를 사용하는 운임으로 왕복 109Euro이다.

📍 운임 조회 화면의 예 2

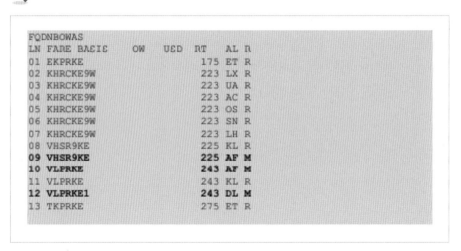

```
FQDNBOWAS
LN FARE BASIS      OW   USD  RT    AL R
01 EKPRKE                   175  ET R
02 KHRCKE9W                 223  LX R
03 KHRCKE9W                 223  UA R
04 KHRCKE9W                 223  AC R
05 KHRCKE9W                 223  OS R
06 KHRCKE9W                 223  SN R
07 KHRCKE9W                 223  LH R
08 VHSR9KE                  225  KL R
09 VHSR9KE                  225  AF M
10 VLPRKE                   243  AF M
11 VLPRKE                   243  KL R
12 VLPRKE1                  243  DL M
13 TKPRKE                   275  ET R
```

- 위 여정은 NBO(Nairobi)에서 WAS(Washington)까지 가는 항공 운임의 조회 화면이다. 9,10,12번의 항공 운임은 마일리지 운임 Mileage Fare방식을 사용하고 있으며, 나머지 운임은 여정 운임 Routing Fare를 사용하고 있음을 확인할 수 있다. 가장 저렴한 마일리지 운임 적용 방식을 사용하는 운임은 AF항공사(Air France)를 이용하는 USD225운임이며, 가장 저렴한 여정 운임 적용 방식을 사용하는 운임은 ET(Ethiopian Airlines)항공사의 USD175이다.

🔍 운임 조회 화면의 예 3

```
FDSEL-SEA
       CX    FARE    FARE    MR
             KRW     BASIS
SELSEA
    1  MF   220000R  SL3MLYU1  R
    2  MF   250000R  SL6MLYU1  R
    3  MF   320000R  RL6MUS1   R
    4  MF   400000R  TL6MUS1   R
    5  MF   500000R  VL6MUS1   R
    6  MF   260000   RLOWUS1   R
    7  MF   580000R  QL6MUS1   R
    8  MF   300000   TLOWUS1   R
    9  NH   690000R  SLRCDB    R
   10  MF   700000R  NL6MUS1   R
   11  MU   726800R  SPRKRS    R
   12  MF   380000   VLOWUS1   R
   13  NH   820000R  WLRCDB    R
   14  AA   838800R  OKU78QN1  M
   15  UA   850000R  LFX7ZEC7  R
   16  DL   850000R  UNX7ZBYK  M
```

- 위 여정은 다른 GDS를 통한 운임 조회 화면이며 SEL(Seoul)에서 SEA(Seattle)까
  지의 항공 운임 조회 화면이다. 14, 16번 운임은 마일리지 운임 방식을 적용하
  며, 나머지 항공 운임은 여정 운임 방식을 적용한다. 마일리지 운임 방식을 적
  용하는 가장 저렴한 왕복 운임의 항공사는 AA항공사, 즉 American Airline
  이며 KRW838,800이다. 반면에, 여정 운임 방식을 적용하는 가장 저렴한 왕
  복 운임의 항공사는 MF항공사(Xiamen Airlines)이며, 항공 운임은 KRW220,000
  이다.

| 2 | 여정 운임 Routing Fare |

- 여정 내의 운임 요소가 직항이 아닌 하나 이상의 경유지를 포함할 때 여정 운
  임이 적용 될 수 있다. 모든 여정 운임 리스트는 정해진 경유지를 지정해 놓으
  며, 여정은 운임이 허용하는 경유지를 적용하여 이루어져야 한다.

- 여정 운임은 운임이 정해놓은 여정 조건에 부합하지 않을 경우에는 적용하여 사용할 수 없다. 모든 운임 구성 요소가 여정 운임 내 정해진 여정을 이용하여야 하며, 운임 조건에 표기 되지 않은 지역을 추가하여 경유 할 수는 없다. 만약, 승객의 여정이 여정 운임 조건에 부합하는 여정으로 이루어 졌다면, 승객은 도중 체류지가 있음에도 불구하고 출발지-목적지 간 직항 운임으로 운임을 적용할 수 있다.
- 규정된 여정 조건의 예를 살펴보도록 하자. LAX LO X/WAW LO MOW LO X/WAW LO LAX의 여정을 예를 들면, 이 여정은 LO항공사(LOT Polish Airlines)를 이용하여 LAX(Los Angeles)에서 출발, WAW(Warsaw)를 경유하여 최종 목적지인 MOW(Moscow)까지 갔다가 다시 출발지로 돌아오는 왕복 여정이다. WAW는 출발 여정과 돌아오는 여정 모두 경유 도시이며, 이때 경유지 표시는 X/로 표기된다. 아래 그림은 위 여정을 실제 적용 운임의 방식으로 NUC를 표기한 운임 표기 방식이다.

◎ 항공 운임 표기의 예

```
        ①              ②
LAX LO X/WAS LO MOW279.50LO X/WAS LO LAX279.50NUC559.00END ROE1.000000
```

① Outbound 운임-NUC279.50
② Inbound 운임-NUC279.50

이 운임 표기 방식에서 출발지에서 목적지까지 가는 항공 운임은 Outbound 운임이라고 부르며, 이는 NUC279.50으로 표기된다. 목적지에서 출발지로 다시 돌아오는 운임을 Inbound 운임이라고 부르며 이는 Outbound 운임과 동일한 NUC279.50으로 표기되었다. 총 항공 운임의 합계는 두 NUC의 합인 NUC559.00이며, Outbound와 Inbound운임 모두 WAW를 경유하여 LO항공사를 이용하는 여정이다. 그러면, 운임 조회 화면에서 LAX에서 MOW까지 가는 여정 중 WAS를 경유하여도 목적지 운임, 즉 LAX-MOW직항 운임을 적용할 수 있는 조건에 부합하는지 살펴보도록 하자.

📍 항공 운임 조회 화면의 예 1

```
FQDLAXMOW
ROE 1.000000 NEAREST 1.00 USD
LN FARE BASIS      OW   USD RT AL R
14 TKATAN1B             559.00  LO R
```

LAX에서 MOW까지의 항공 운임 조회 화면에서 14번의 운임이 LO항공사의 여정 운임을 적용한다. 이 운임을 선택하기 위해 실제 승객의 여정이 이 운임의 여정과 부합한지 운임 규정을 확인하여야 하며, 운임 조회 화면에서 여정 조건을 아래와 같이 확인할 수 있다.

📍 항공 운임 규정 조회 화면의 예 1.1

```
LN FARE BASIS      OW   USD   RT   AL R
14 TKATAN1B             559   LO R
 1 * LAX-LO-WAW-LO-MOW
```

운임 규정에서 제시하는 여정의 옵션은 LAX에서 MOW까지의 여정 중 도중 체류지 WAW를 허용하며 실제 여정과 일치함을 알 수 있다. 여정의 표시는⑴를 이용하여 각 체류 도시를 표기하며 위 여정에서 LAX와 MOW사이의 WAW는 intermediate point, 즉 경유지, 혹은 도중 체류지를 의미한다. 또한, 여정마다 적용 항공사도 구체적으로 표기되어 운임 적용 시 해당 항공사(LO)를 이용하여야만 가능하다.

📍 항공 운임 표기의 예

```
LON  BA  X/SIN BA SYD Q LONSYD10.34 129.98BA X/SIN BA LON  Q SYDLON10.34 129.98
END ROE0.773147
```

- 위 여정을 적용할 수 있는 운임 조건에 대하여 살펴보자. 이 운임 구성은 BA
항공(British Airways)를 이용하여 LON(London)을 출발하여(Outbound), SIN(Singapore)
를 경유하여 SYD(Sydney)를 가고, 돌아오는(Inbound) 여정은 SYD에서 SIN을
경유하여 다시 LON으로 오는 여정이다. 모든 이용 항공사는 BA항공이므로
BA항공사의 운임을 확인한다. Outbound NUC와 Inbound NUC는 동일
하게 NUC129.98을 각각 적용하며, LONSYD간 Q-surcharge(여러 다양한 목적
으로 항공사에서 운임이외 추가 발생되는 수수료)가 10.34 적용된다. 총 NUC는 각 운임 단위
의 합인 280.64이며, 즉 이 NUC가 총 항공 운임을 의미하게 된다.

최종적으로 총 항공 운임은 280.64NUC에 ROE0.773147을 곱한 것으로 현
지 통화로 표기되는 금액이 된다.

🔍 항공 운임 조회 화면의 예 2

```
FQDLONSYD
ROE 0.773147 NEAREST 1.00 NUC
LN FARE BASIS    OW   NUC  RT   AL R
13 OKNT02B7           259.96 BA R
```

운임 번호 13을 확인하면 적용 가능한 BA항공사 운임을 확인할 수 있다. 마지
막 부분에 R표시는 이 운임이 여정 운임 적용 규정을 가지고 있음을 표기한다. 적
용 가능한 운임 여정 조건을 확인해 보면 아래와 같다.

🔍 항공 운임 규정 조회의 예 2.1

```
LN FARE BASIS    OW   GBP  RT   AL R
13 OKNT02B7                     BA R
  1 * LON-KUL-BA/MH-SYD
  2 * LON-SIN-BA/QF-SYD
  3 * LON-HKG-BA/CX-QF-SYD
```

13번 운임 OKNT02B7은 아래 3가지 여정을 허용한다.

1. LON-KUL-BA/MH-SYD

KUL(Kualalumpur) 경유 시 BA 혹은 MH 항공을 이용하여 SYD 도착

2. LON-SIN-BA/QF-SYD

SIN(Singapore) 경유 시 BA 혹은 QF항공을 이용하여 SYD 도착

3. LON-HKG-BA/CX/QF-SYD

HKG(Hong Kong) 경유 시 BA, CX, QF항공 중 하나를 이용하여 SYD 도착

(–)는 적용 도시와 적용 항공사를 의미하며, (/)는 선택 사항을 의미한다. BA항공 운임을 살펴보면, 모든 항공사를 BA를 이용하여야 하지만, 여정 조건에 일부 구간은 항공사 간 계약을 통하여 다른 항공사를 허용하는 선택 사항을 부여하기도 한다.

위 여정은 운임 여정 조건 중 SIN 경유 여정이므로 2번째 여정과 일치한다. 그러므로, 이 여정의 운임은 GBP259.96을 적용할 수 있다.

운임 구성 요소는 운임 규정 내의 여정과 반드시 일치하여야 하며, 여정 조건에서 표기하는(–)과 (/)는 경유 지점과 항공사를 표기하는데 사용된다.

3 | 마일리지 운임 Mileage Fare

• 운임 결정 시 여정 운임 규정이 아닌 실제 운항 거리를 기준으로 계산하는 마일리지 운임 규정도 있다. 마일리지 운임을 적용하는 여정은 실제 적용 운임이 도중 체류지나 경유지를 여행함으로 인해 증가할수록 퍼센트에 따른 추가 비용 즉, Surcharge를 적용하는 방식이며, 도중 체류지나 경유지로 인하여 추가 비용이 들지 않을 경우에는 목적지 운임으로 경유지를 무료 허용해주는 규정이다.

마일리지 운임 계산 : 추가 비용이 없는 경우
마일리지 운임을 적용하는 운임 구성 요소를 살펴보자.

◎ 항공 운임 표기의 예

```
TYO AC X/YTO AC NYC M422.63AC X/YTO AC TYO  M422.63NUC845.26END ROE111.207904
```

　이 여정은 TYO(Tokyo)에서 출발하여 YTO(Toronto)를 거쳐 NYC(New York)을 왕복 하는 AC(Air Canada)항공기를 이용하는 여정이다. 나가는 여정(아웃바운드)과 들어오는 여정(인바운드)에 적용하는 운임은 각각 NUC422.63이며, 총 운임의 합은 NUC845.26이다. YTO는 항공기 연결을 위한 경유지이며, 도중 체류를 하지 않으므로 도시 코드 앞에 X/표시가 되어 있다.

　이 운임 계산이 마일리지 운임을 적용하는지 운임 표기 방식 내에서 구분하는 방식은 각 운임 요소에 대한 NUC금액 앞에 M 표기로 확인 할 수 있으며, 이 표기는 마일리지 운임이 항공 운임을 계산할 때 사용 되었음을 알 수 있다.

　아래 운임을 통해 좀더 자세히 살펴보기로 하자.

◎ 항공 운임 조회 화면의 예

```
 LN FARE BASIS      OW    JPY   RT    AL R
 26 TKXR50BF                 89000 AC M
```

　26번 운임 TKXR50BF는 AC(Air Canada) 운임이다. 운임 마지막 부분의 "M"표기가 마일리지 운임임을 나타내며, GDS에서 "M"을 클릭할 경우 "MILEAGE APPLIES FROM ORIGIN TO DESTINATION" 과 같은 메시지를 확인할 수 있다.

◎ 항공 운임 규정 조회의 예

①　②　　　③

```
ROE 111.207904 UP TO 100.00 JPY
TYONYC/NSP;PA/TPM  6723/MPM  8067
LN FARE BASIS      OW    JPY   RT    AL R
26 TKXR50BF                 89000 AC M
MILEAGE APPLIES FROM ORIGIN TO DESTINATION
```

① PA : 방향지표(Via Pacific, 태평양 횡단 여정)

② TPM : 실제 거리 6723마일

③ MPM : 최대 허용 마일리지 8067마일

도중 체류지가 생겼을 경우 추가로 발생되는 거리의 합과 최대 허용 마일리지를 비교한다.

운임 설명에 명시된 정보를 통해 여정 운임이 적용되지 않음을 알 수 있으며, 도쿄부터 뉴욕까지 아래 조건이 충족될 경우 AC 항공사 운임을 적용할 수 있다.

- AC 항공편으로 예약
- 운임 요소 별 총 이동 거리(실제 마일)가 8067마일과 같거나 적을 경우

최대 허용 마일(Maximum permitted mileage)은 운임 요소 간 여행할 수 있는 최대 여행 거리이며, MPM은 두 지역 간 직항으로 운항 할 경우 실제 거리의 20%를 추가로 허용한다. 그러므로, 실제 도쿄-뉴욕 간 마일이 6723일 경우 MPM은 8067로 설정된다. MPM은 최종 목적지까지 여행 중 경유지를 허용하기도 한다. 마일리지 운임 제도를 적용하는 경유 여정의 경우 각 여정 구간의 마일리지의 합은 MPM과 동일하거나 초과하지 않아야 한다.

Outbound: TYO — YTO — NYC

TPM (GI)	remove		TPM (GI)	remove		TPM (GI)	remove
Code	TYO		Code	YTO		Code	NYC
City	Tokyo		City	Toronto ON		City	New York N'
			TPM	6421		TPM	349
			GI	PA		GI	WH

Total TPM: 6770

```
Inbound: NYC - YTO - TYO

TPM (GI)          remove        TPM (GI)          remove        TPM (GI)          remove

Code    NYC                     Code    YTO                     Code    TYO

City    New York  N'            City    Toronto   ON            City    Tokyo

                                TPM     349                     TPM     6421

                                GI      WH                      GI      PA


Total TPM: 6770
```

각 여정 구간의 마일리지 총합은 6421과 349을 더한 6770(시스템마다, 혹은 항로 등의 차이로 인해 약간의 오차는 발생할 수 있다.)이며 이는 MPM 8067보다 작다. 이러한 경우에 "M"표기를 운임 계산에 입력하며 YTO를 경유하여 가는 여정일지라도 도쿄에서 뉴욕까지 가는 운임으로 추가 비용 없이 YTO를 경유할 수 있음을 의미한다.

☑ 마일리지 운임 계산 : 추가 비용 발생

각 여정의 거리 합이 최대 허용 마일리지 MPM을 초과할 경우 초과 거리의 비율에 따라 5,10,15,20,25%의 할증료가 부과되게 된다. 하지만, 실제 운항 거리인 마일리지 총합 TPM이 최대 허용 마일리지 MPM의 최대 25%이상 초과하여 사용할 수는 없으며, 만약 25%를 초과할 경우 출발지-목적지간의 마일리지 운임 계산 방식으로 적용할 수 없게 된다.

마일리지 할증 시 운임 계산 표기 방식은 아래와 같다.

- M : 최대 허용 마일리지를 넘지 않을 경우 무료로 경유지 허용
- 5M : 5% 추가 비용 적용
- 10M : 10% 추가 비용 적용
- 15M : 15% 추가 비용 적용
- 20M : 20% 추가 비용 적용
- 25M : 25% 추가 비용 적용

🔍 항공 운임 표기의 예

> AMS BA LON BA MIA AA SFO5M328.24AA MIA BA X/LON BA AMS5M1064.80NUC1393.04END
> ROE0.863772

- AMS : Amsterdam
- BA : British Airways
- LON : London
- MIA : Miami
- AA : American Airlines

위 그림에서 출발 여정(outbound)의 운임은 AMS(BA) LON(BA) MIA(AA) SFO이며 운임은 NUC328.24이다.

위 그림에서 도착 여정(Inbound)은 SFO(AA) MIA(BA) X/LON(BA) AMS이며 운임은 NUC1064.80이다.

위 여정의 운임 총합은 NUC1393.04이며, 각 운임 요소는 마일리지 운임 제도를 적용하고 NUC 표기 앞에 5M을 통하여 구간별 총 마일리지 합계가 MPM을 5% 초과하여 5% 추가 할증이 적용되었음을 알 수 있다. 즉 AMS(Amsterdam)에서 SFO(San Francisco)까지 여행 시 LON(London)을 도중 체류 할 경우에 AMS-SFO 직항 운임의 5% 추가 비용을 지불하여도 사용할 수 있다는 의미이다.

GDS를 통하여 AMS-SFO구간의 운임 조회 시 MPM6552임을 확인할 수 있으며, 이 운임은 도중 체류지나 경유지가 생기더라도 6552마일이 넘지 않을 경우 무료로 운임 적용이 가능하다. 운임 계산 시 5M표기는 총 마일리지가 MPM의 5%를 이미 초과하였음을 의미하며, 이는 기본 운임에 5% 할증 적용을 요구한다.

```
BA AMSSFO/NSP;AT/TPM  5460/MPM  6552
MILEAGE APPLIES FROM ORIGIN TO DESTINATION
```

GDS내의 마일리지 표기의 예

①	②	③	④	⑤	⑥				⑦
CTY	DC	TPM	CUM	MPM	DC	LVL	<HGL	>LWL	25M
SEL	3								
HKG 3	EH	1295	1295	1554	EH	0M	259	0	1942
TPE 3	EH	511	1806	1096	EH	EXC	0	436	1370
BKK 3	EH	1555	3361	2743	EH	25M	67	70	3428

① City : 출발 도시

② IATA지역 구분 및 방향 지표 :

   SEL^(TC3), SEL-HKG은 EH

   HKG^(TC3), HKG-TPE는 EH

   TPE^(TC3), TPE-BKK은 EH

   BKK^(TC3)

③ TPM : 실제 운항 거리 Ticketed Point Mileage

④ CUM : 거리별 합산 Cumulative total of the TPM

⑤ MPM : 최대 허용 마일 Maximum permitted Mileage

⑥ 할증률 : 마일리지 할증 시 운임 표기 방식(Level)

   0M/5M/10M/15M/20M/25M/EXC(마일리지 초과)

⑦ 구간 별 마일리지 최대 허용치인 25% 할증된 마일리지

위 표에서 전체 여정 중 홍콩을 경유하여 타이페이를 갈 경우 최대 허용 마일리지 25%를 넘어서 마일리지 초과가 되지만, 최종 여정에서 방콕까지의 마일리지가 25M, 즉 25% 이내로 계산되어, 위 여정은 방콕운임으로 25% 추가 비용을 지불할 수 있다.

Study Check

* 아래 운임을 보고 질문에 답하시오.(1~4번)

```
FQDAMSNYC
LN          FARE BASIS      OW      EUR     RT      AL      R
01          LLXEUGO                         10      SK      R
02          LLWEUGO         60              SK      R
03          OKX2T8B4                        61      BA      M
04          VKXL99NL                        61      AF      M
05          KKX4ILGT                        61      LX      R
06          VKXL99NL                        61      DL      M
07          OKXL99NL                        61      AZ      R
08          OKX2T8B4                        61      IB      M
09          KKX4ILGT                        61      LH      R
10          KKX4ILGT                        61      AC      R
11          KKX4ILGT                        61      OS      R
12          VKXL99NL                        61      KL      M
13          OKX2T8B4                        61      AY      M
```

1. 위 운임 중 여정 운임을 사용하는 운임은 몇 개인가 ?

   (a) 2   (b) 3

   (c) 6   (d) 7

2. 위 운임 중 마일리지 운임을 사용하는 운임은 몇 개인가?

   (a) 2   (b) 3

   (c) 6   (d) 7

3. 가장 저렴한 여정 운임을 제공하는 항공사는?

    (a) AF   (b) AZ

    (c) BA   (d) SK

4. 위 운임 종류 중 하나의 항공사가 여정 운임과 마일리지 운임을 모두 제공한다. True or False?

    (a) True

    (b) False

* 아래 운임을 보고 질문에 답하시오.(5~10번)

```
FQDSCLPAR
LN          FARE BASIS    OW    USD    RT    AL    R
01          OPR8L                      129   AZ    R
02          ONN8JZN1                   178   AA    M
03          LPR8L                      209   AZ    R
04          ONN4IZN1                   250   AA    M
05          VNNF7SMQ                   294   DL    M
06          ONN0IZN3                   302   AA    M
07          WPR8L                      329   AZ    R
08          ONN8IZN3                   389   AA    M
09          XLSS8L                     389   AZ    R
10          GLPLCL                     398   KL    R
11          QNN0IZN3                   402   AA    M
12          KNCCL                      429   LH    R
13          KNCCL                      429   LX    R
14          SLSS8L                     459   AZ    R
```

5. 마일리지 운임을 제공하는 항공사는?

    (a) AA, DL

    (b) AZ, KL

    (c) LH, LX

    (d) 모든 항공사

6. 가장 저렴한 마일리지 운임을 제공하는 항공사는?

   (a) AA   (b) AZ

   (c) DL   (d) LH

7. 가장 저렴한 여정 운임을 제공하는 항공사는?

   (a) AZ   (b) KL

   (c) LH   (d) LX

8. 여정 운임과 마일리지 운임을 모두 제공하는 항공사는?

   (a) AA   (b) AZ

   (c) DL   (d) 없음

9. 가장 비싼 마일리지 운임은 얼마인가?

   (a) 389   (b) 402

   (c) 429   (d) 459

10. 가장 비싼 여정 운임을 제공하는 항공사는?

   (a) LX   (b) LH

   (c) DL   (d) AZ

Chapter 06

Q Surcharge

06
Q Surcharge

 개요

- Q Surcharge는 기본 운임에 추가되는 추가 금액이다.
- 어떤 Surcharge는 특정 기간 동안, 혹은 시설 이용에 적용하기도 하고, 운임 종류나 항공기 종류에 따라 다르게 적용되기도 한다.
- Q Surcharge는 운임 소유 항공사에서 징수하며, 아래와 같이 항공사에서 공항이나 정부 등을 대신해서 받는 때도 있다.
  - 유류세/보험료 : Fuel/Insurance
  - 좌석 승급 : Class upgrade, Seat Improvement
  - 항공기종 : Equipment
  - 특별 이벤트 기간 : Special Event   예 카니발 기간, 주말 출발
  - 보안 검색 비용 : Security

- Q Surcharge는 운임 분리 지점에 Q라는 코드를 사용하여 표기하며 운임 소유 항공사에서 징수한다.
- Q Surcharge의 티켓 상 표현 방식은 아래와 같이 Q 뒤에 해당 구간과 금액을 기입 한다.

Q Surcharge는 운임 표기 내에 Q 글자를 사용하여 추가 징수 금액을 표시하며 운임 구간 마다 적용하는 도시나 항공사에 따라 여러 개의 Q surcharge가 적용될 수도 있다.

🔍 항공 운임내 Q Surcharge 표기의 예-한국에서의 운임 조회 시

```
-------------------------------------------------
     AL FLGT  BK   DATE  TIME  FARE BASIS      NVB   NVA   BG
 LON
 JNB BA      O   13JUL      ①  OHXC00B7       13JUL13JUL 0P
 LON BA      O              OLXC00B7       13JUL13JUL 0P

④ GBP    270.00        13JUL21LON BA JNB Q15.56 254.70BA LON Q
 KRW    430500    ② 15.56 96.22NUC382.04END ROE0.706701  ③
 KRW    301400-YQ   XT KRW 2200-EV KRW 1800-UM KRW 15400-WC
 KRW    130800-GB   KRW 19900-ZA
 KRW     39300-XT
 KRW    902000
 RATE USED 1GBP=1594.399767KRW
```

① 운임 코드 : OHXC00B7(아웃바운드 운임)

OLXC00B7(인바운드 운임)

② Q Surcharge 표기 : Q15.56이 각 운임 구간에 적용

(Q15.56 + Q15.56) x ROE0.706701 = GBP22

③ ROE : GBP270.00을 공통 화폐 단위인 NUC로 환산할 때 적용하는 환율

NUC382.04 x ROE0.706701 = GBP270.00

④ 항공운임 : Q Surcharge를 포함한 항공 운임.

한국에서 발행하는 경우 운임 표기는 KRW통화를 추가 정보로 제공하여 발권 시 승객이 지불할 금액을 출발지 통화로 계산해 준다.

세금을 합친 승객이 지불할 총 금액은 KRW902,000이다.

🔍 항공 운임내 Q Surcharge 표기의 예 – 영국에서의 운임 조회 시

```
        AL FLGT  BK   DATE  TIME  FARE BASIS       NVB   NVA   BG
    LON
    JNB BA     O    13JUL        ① OHXC00B7         13JUL13JUL 0P
    LON BA     O                   OLXC00B7         13JUL13JUL 0P

④ GBP   270.00      13JUL21LON BA JNB Q15.56 254.70BA LON Q
              ②    15.56 96.22NUC382.04END ROE0.706701  ③
    GBP   189.00-YQ   XT GBP 1.30-EV GBP 1.10-UM GBP 9.60-WC GBP
    GBP    82.00-GB   12.50-ZA
    GBP    24.50-XT
    GBP   565.50
```

① 운임 코드 : OHXC00B7(아웃바운드 운임)

OLXC00B7(인바운드 운임)

② Q Surcharge 표기 : Q15.56이 각 운임 구간에 적용

(Q15.56 + Q15.56) x ROE0.706701 = GBP22

③ ROE : GBP270.00을 공통 화폐 단위인 NUC로 환산할 때 적용하는 환율

NUC382.04 x ROE0.706701 = GBP270.00

(NUC382.04=Q15.56 + 254.70 + Q15.56 + 96.22)

④ 항공운임 : Q Surcharge를 포함한 항공 운임.

영국에서 발행하는 경우 운임 표기는 GBP로 표기된다.

세금을 합친 승객이 지불할 총 금액은 GBP565.50이다.

◉ 항공 운임내 Q Surcharge 규정 표기

> (1) ORIGINATING UNITED KINGDOM -
>   A SURCHARGE OF GBP 11.00 PER FARE COMPONENT WILL BE
>   ADDED TO THE APPLICABLE FARE FOR TRAVEL.
>
> (2) ORIGINATING AREA 2 -
>   A SURCHARGE OF USD 14.00 PER FARE COMPONENT WILL BE
>   ADDED TO THE APPLICABLE FARE FOR TRAVEL.

① 영국 출발의 경우 : 각 구간마다 GBP11.00을 적용
② TC2 출발의 경우 : 각 구간마다 USD14.00을 적용

1 Q surcharge의 적용

Surcharge가 항상 적용되지는 않지만, 적용될 경우 항공사는 항공 운임과 함께 추가 금액을 부여하게 된다. 그러므로, GDS 시스템은 여정에 대한 항공 운임을 자동 계산할 때 Q surcharge 또한 같이 표기 한다.

여정의 운임을 설정한 후 적용되는 Q surcharge가 동시에 설정되며, 이는 아래 조건들에 의해 다양하게 적용된다.

- Ticketed points : 출, 도착 지역, 혹은 공항
- Geographic location : 지리적 위치
- Flight Booked : 공동 운항 편을 포함한 항공편
- Class of Service : 예약 클래스
- Purchase date : 항공권 발행/구매 날짜
- Passenger type : 승객 유형-성인, 소아, 유아 승객

항공사는 category 12의 운임 규정 내에 Q surcharge 규정을 Surcharge(SU)의 제목으로 표기하며, 규정 내에 적용되는 Q surcharge의 적용 여부와 수준, 유형 등에 대한 정보를 제공한다.

◎ GDS내의 운임 규정 표기 방식

```
PTC: ADT-ADULT                 FTC: XEX-REGULAR EXCURSION
OPTION LIST
    RU.RULE APPLICATION           MX.MAX STAY
    SE.SEASONS                    SR.SALES RESTRICT
    AP.ADVANCE RES/TKT            FL.FLT APPLICATION
    CD.CHILD DISCOUNTS            AD.AGTS DISCOUNTS
    OD.OTHER DISCOUNTS            SO.STOPOVERS
    TF.TRANSFERS/RTGS             SU.SURCHARGES
    TE.TKT ENDORSEMENT            PE.PENALTIES
    CO.COMBINABILITY              MD.MISCELLANEOUS DATA
    VC.VOLUNTARY CHANGES          VR.VOLUNTARY REFUNDS
         ****** SELECT CATEGORIES ******
```

☑ 적용 예제 1-유류세 Fuel Surcharge

아래 여정에 적용되는 운임 코드(Fare Basis Code)는 PEA00RIG이며, 아래와 같은 운임 규정에 Q surcharge의 적용 내용이 설명되어 있다.

◎ 운임 표기 방식의 예1

112

① 운임 코드 : PEA00RIG

② 운임 표기 내의 Q Surcharge : 구간별 적용

LIM(Lima)

AV(Avianca Airline)

BOG(Bogota)

운임 규정 표기의 예 1.1

Fare Display LIM to BOG

| AV | PEA00RIG | 303/VPA2 | P | RT | 320.00 | 320.00 | 0093 | WH |

Category 12 of the fare rule 303/VPA2 displays the following information:

CATEGORY 12/SU SURCHARGES

BETWEEN COLOMBIA AND PERU IF **INFANT UNDER 02 WITHOUT A SEAT**. OR –
INCLUSIVE TOUR INFANT WITHOUT A SEAT UNDER 02. THERE IS NO CHARGE FOR
TRAVEL PER FARE COMPONENT. **A FUEL SURCHARGE OF USD 46.00 WILL BE ADDED TO
THE APPLICABLE FARE**

NOTE – **①**

THE FUEL SURCHARGE **APPLIES IN ADDITION TO ALL OTHER CHARGES** AND IS NOT
SUBJECT TO ANY DISCOUNT. WHEN A FUEL SURCHARGE IS COLLECTED IT MUST BE
DENOTED AS A –Q– CHARGE ON EACH TICKET ACCORDINGLY.

②

① 유류세를 USD46 적용한다.

② 각 항공권에 Q-CHARGE로 표기한다.

위 예제에서 Q46.00은 운임 규정에 따라 유류세 징수의 목적으로 적용된다. 이를 공통화폐 단위인 NUC로(NUC = USD46.00 ÷ ROE1.000000) 환산하여 운임 구성 표기에 적용하며 출발지 목적지 간 왕복 항공편에 모두 적용된다. 위 여정 중 유류세가 적용되지 않는 예외 상황은 승객이 좌석을 차지하지 않는 2살 미만의 유아일 경우 유류세를 지불하지 않게 된다. 예외 규정은 항공 운임마다 다르므로 반드시 예외 규정을 확인하여야 하며, GDS를 통한 요금 조회 시 유아에 관련된 예외 규정은 운임에 반영되어 조회 가능하다.

✅ 적용 예제 2-판매 제한 Surcharge

MAD에서 PTY의 왕복 여정을 살펴보자. 아래 여정의 운임에는 특정 여행사만 판매할 수 있는 판매 제한 규정이 적용된다.

📍 운임 표기 방식의 예 2.

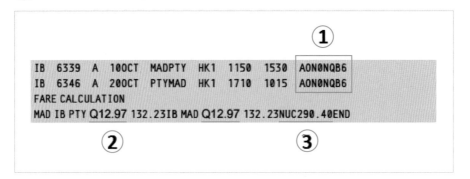

① 운임 코드 : AON0NQB6

② 운임 표기 내의 Q Surcharge : 구간별 적용

MAD(Madrid)

IB(Iberia Airline)

PTY(Panama City)

③ NUC 총합계 : 290.40

📍 운임 규정 표기의 예 2.1

Category 12 of the fare rule 027/VPA2 displays the following information:

① CATEGORY 12/SU (SURCHARGES)

BETWEEN EUROPE AND AREA 1

THE PROVISIONS BELOW APPLY ONLY AS FOLLOWS - **SALE IS RESTRICTED TO SPECIFIC AGENTS.** THERE IS NO CHARGE FOR TRAVEL.

② ORIGINATING EUROPE – **FOR TICKETING ON/AFTER 18SEP A SURCHARGE OF EUR 10.50 PER FARE COMPONENT** WILL BE ADDED TO THE APPLICABLE FARE FOR TRAVEL.
ORIGINATING AREA 1 – FOR TICKETING ON/AFTER 18SEP A SURCHARGE OF USD 12.00 PER FARE COMPONENT WILL BE ADDED TO THE APPLICABLE FARE FOR TRAVEL.

① Surcharges 관련 규정 표기

② 출발지가 유럽인 경우 9월 18일 이후 발권 항공권에 대해 EUR10.50을 운임 구간 마다 추가(*출발지가 TC1일 경우 USD12 적용)

IB항공에 의해 지정된 여행사만이 이 운임을 적용하여 발권 가능하며, 각 구간 마다 EUR 10.50이 부가됨을 알수 있다. 운임 구성 내에 NUC로 변환(NUC=EUR10.50 ÷ 적용 ROE) 표기하게 된다.

⌖ 적용 예제 3-정부 요청 Surcharge

YTO(Toronto)에서 SAO(Sao Paulo)의 왕복 여정에는 캐나다 정부에서 적용하는 Navigation Surcharge가 부과된다. 아래 운임 표기 방식을 살펴 보면 운임 구간마다 Q11.60이 항공 운임에 추가 부과됨을 알 수 있다.

아래 여정의 운임 코드는 L50LBT이며 적용되는 운임 규정은 아래와 같다.

◉ 운임 표기 방식의 예 3

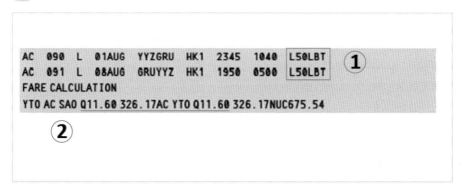

① 운임 코드 표기 : L50LBT

② Q Surcharge 표기 : 왕복 여정이므로 Q11.60이 구간마다 적용

📍 운임 규정 표기의 예 3.1

① Fare Display YTO to SAO

AC L50LBT 005/TCSA L RT 843.00 652.34 0551 WH

Category 12 of the fare rule 005/TCSA displays the following information:

ORIGINATING YTO —

② — A SURCHARGE OF CAD 15.00 WILL BE ADDED TO THE APPLICABLE FARE FOR TRAVEL FOR ANY SECTOR BETWEEN CANADA AND CENTRAL AMERICA/SOUTH AMERICA.

NOTE — THE SURCHARGE IS A NAVIGATION SURCHARGE. THE SURCHARGE APPLIES IN ADDITION TO ALL OTHER CHARGES AND IS NOT SUBJECT TO ANY DISCOUNT. THE SURCHARGE WILL ACCRUE TO AC ONLY

① 운임 코드 표기 : L50LBT

② Toronto 출발 시 적용 되는 Surcharge 규정 :

　　캐나다와 중남미 사이의 여정을 여행할 경우에 CAD15의 Surcharge를 부과

　　적용 운임이 CAD(Canadian dollar)로 표기되어 있으며, 이를 NUC로 변화 표기할 경우 적용되는 ROE로 나누어 주면 된다. 운임 구성 내에 NUC로 추가 금액이 표기되게 되며, 캐나다 출도착 시 캐나다 정부에 의해 징수되고 적용 예외없이 전 승객 타입에 부과된다.

Study Check

1. Q Surcharge는 운임 표기 란에 해당 국가의 사용 통화로 표기된다.

   (a) True

   (b) False

2. Q Surcharge는 항공권 내 tax 표기 란에 별도 표기 된다.

   (a) True

   (b) False

3. Q surcharge는 유아 승객의 경우 모두 적용 된다.

   (a) True

   (b) False

4. 운임 표기 란에 적용되는 Q surcharge NUC 금액은 항공 운임에 추가로 부가되는 금액
   이다.

   (a) True

   (b) False

5. 항공사 유류세는 운임 이외에 추가적으로 별도 징수되기도 한다.

   (a) True

   (b) False

Chapter 07

세금 및 수수료
TFC(Taxes, Fees and Charges)

07
세금 및 수수료
TFC Taxes, Fees
and Charges

 개요

- 항공사는 항공권 발행 시 정부와 공항을 대신하여 다양한 세금의 종류와 각종 발생하는 비용들을 지불한다. 예를 들어 미국의 경우, 승객의 여행에 공항 이용료를 비롯하여 다양한 종류의 세금을 부여하게 된다.

- 각 세금 및 수수료는 세관, 입국심사, 검역, 공항 서비스 개선에 따른 여러 비용, 승객 이용 시설 비용 등 다양한 정부 기관과 서비스 기관들에 의해 발생한다. 이는 항공 운임이나 마일리지처럼 상황에 따라 빈번하게 변동될 수 있다.

1 세금 및 수수료 규정

⊗ 세금과 수수료는 아래와 같은 경우에 따라 다양하게 적용된다.

- Airport/City : 공항 및 도시 별
- Effective and discontinue dates : 유효한, 혹은 무효된 날짜 기준
- Passenger type(child, infant, adult, senior citizen, diplomat, etc.) : 승객 유형 별(성인, 소아, 유아, 노인, 외교관 등)
- Aircraft equipment type : 항공기종 별
- Domestic or international flight : 국내선, 혹은 국제선 별
- Point of sale : 판매 지역 별
- Class of service : 탑승 클래스 별
- Exemptions : 적용 예외 조건들
- Interlineability(interline or non-interlineable) : 정산 가능 여부

2 세금 및 수수료 유형

⊗ 항공권을 발행할 경우 발생되는 여러 가지 다양한 종류의 세금 혹은 비용들은 일반적으로 아래와 같은 목적으로 징수되며, 여정이 시작되는 곳에 대한 세금, 항공권 판매 지역에 대한, 혹은 발권된 지역에 대한 세금 등으로 구분된다.

- Departure TFCs. : 출발지에서 부과하는 세금
- Arrival TFCs. : 도착지에서 부과하는 세금

- Sales Tax : 항공권 판매 시 부과하는 세금
- Ticket Tax : 항공권에 부과하는 세금

◉ 출발지에서 부과하는 세금

출발지에서 부과되는 TFC는 운임 시작 지점마다 적용되는 세금이다. 운임 시작 지점이란 실제 여정의 최초 출발지 뿐 아니라 구간마다 발생할 수 있는 도중 체류, 혹은 경유지에서 출발하는 지점까지도 포함하여 적용된다.

출발지 세금은 다양한 유형으로 적용되지만 출발지마다 일정한 금액으로 적용되며, 국내선, 국제선에 따라 적용 금액이 다를 수는 있다.

```
NO NORWAY
1. G2 001 AP   AIR PASSENGER TAX
TAX IS APPLICABLE TO DEPARTURES FROM ALL AIRPORTS
IN NORWAY IRRESPECTIVE OF WHERE THE TICKET IS ISSUED.
.
DOMESTIC/INTERNATIONAL DEPARTURES
NOK 84.00
.
TAX EXEMPTIONS
1.INFANTS UNDER 2 YEARS WITHOUT A SEAT
2.AIRLINE EMPLOYEES ON DUTY TRAVEL
3.TRANSIT SAME FLIGHT AND TRANSFER PASSENGERS WITHIN 24 HOURS
.
THE TAX IS TO BE COLLECTED AT POINT OF SALE AND
SHOWN SEPARATELY ON THE TICKET BY CODE G2.
```

위 내용은 노르웨이 출발 택스에 관한 규정으로, 노르웨이 내의 모든 공항의 출발 택스는 NOK84.00(노르웨이 화폐단위 Noreway Krone)를 적용한다고 표기하고 있다. 적용 예외 승객에 대한 규정 Tax Exemptions을 구체적으로 명시하고 있으며, 항공권 상에 G2라는 2자리 코드를 사용하여 표기된다.

◉ 도착지에서 부과하는 세금

도착지에 부여하는 세금이며, 입국 심사, 세관 등 승객이 입국 절차 시 필요한 다양한 서비스를 이용함으로 인해 부과되는 세금을 의미한다. 이러한 추가 비용은 법령화 된 환경 문제와 관련하여 환경 비용이라는 명목으로 징수되기도 한다.

```
BS BAHAMAS
BAHAMAS TAX INFORMATION
 5. ENVIRONMENTAL FEE

TAX CODE ON TICKET: * C5 *

AMOUNTS:
FREEPORT - GRAND BAHAMAS INTL AIRPORT (FPO)
DOMESTIC AND INTERNATIONAL ARRIVALS        BSD 0.50

THE TAX IS TO BE COLLECTED AT POINT OF SALE AND SHOWN
SEPARATELY ON THE TICKET BY CODE C5.

EXEMPTIONS:
 - INFANTS (CHILDREN UNDER 2)
 - AIRLINE CREW ON DUTY
 - INVOLUNTARY RE-ROUTING WEATHER CONDITION
```

위 규정은 Bahamas 국제 공항 도착 시 도착 세금 BSD 0.50(바하마달러)이 적용됨을 설명하며, 적용 예외 조건에 대한 규정도 설명하고 있다. 항공권 발행 시 사용되는 텍스 코드는 C5이다.

판매 시 부과되는 세금

Sales Tax 라고도 불리우며, 판매가 이루어지는 지역에서 운송 수단을 구매 할 경우 적용되는 세금으로 Sales Tax, Value Added Tax등이 있다. 일반적으로 판매 지역에 따라 부과되는 세금으로 항공 운임에 비례하여 적용되며, 항공권 발행과 동시에 발행 국가의 세금 정책에 따라 부과된다.

```
LV LATVIA
 1. VALUE ADDED TAX  DOMESTIC
TAX CODE:    *IY*

COLLECTED ON FARES FOR DOMESTIC FLIGHTS FOR TRAVEL WHOLLY WITHIN LATVIA.
APPLIES ON EUR FARE FOR DOMESTIC DEPARTURES.
12.00 PERCENT
 EXEMPTIONS
 1.NO STOPOVER - TRANSIT/TRANSFER PASSENGERS -24 HOURS-.
 2. INVOLUNTARY REROUTING- E.G. DUE TO TECHNICAL PROBLEMS OR WEATHER
 CONDITIONS
```

위 규정은 라트비아 내의 국내선 항공편에 대한 VAT이며 운임의 12%가 적용된다. 위 세금의 예외 조건은 2가지 이며, 항공권 발행 시 적용되는 코드는 IY이다.

🔍 티켓 택스

```
ML MALI
MALI TAX INFORMATION
1.  TICKET TAX
TAX CODE ON TICKET  * ML *

LEVIED ON ALL DOMESTIC AND INTERNATIONAL TICKETS ISSUED IN
MALI.  FOR PROVISION OF SERVICES "DOMAINES."

- DOMESTIC DEPARTURES                    XOF   800
- INTERNATIONAL DEPARTURES               XOF  1000
```

티켓 택스는 판매 택스는 아니지만 항공권 발행 시 부과된다. 위 택스 규정은 말리에 적용되는 티켓 택스의 예이다.

말리에서 발행된 항공권은 국내선 출발시 XOF800(말리 화폐 단위), 국제선 출발시 XOF1000(말리 화폐 단위)이 부과되며 항공권에 표기되는 코드는 ML이다.

3 | 세금의 통화 변환

항공 운임의 총 합계를 구하기 위해서는 각 여정마다 적용되는 세금을 발권이 이루어지는 국가의 화폐 단위로 바꾸어 주어야 한다.

아래 예제는 호주에서 발행되는 항공권의 TFC를 계산하는 방식을 보여주고 있다.

① UA842 Y 2DEC : UA842 항공편, Y 클래스, 출발일(2DEC)

② SYDLAX HK1 : Sydney에서 Los Angeles 1좌석 확약

③ 1120 0600 : 출발시각 도착시각

④ 789 : 기종 코드

위 여정의 항공권이 호주에서 발행된다면, 항공권의 적용 화폐단위는 Austrian Dollar(AUD)가 되며, 부과되는 모든 세금들은 AUD로 환산하여 계산하게 된다. 이 때 사용하는 환율을 BSR(Bankers Selling Rate) 이라고 한다.

◎ GDS의 항공 운임 내 세금 표기 방식

　모든 TFC는 항공 운임의 총 비용을 계산하기 위해 지불되는 통화, 즉 AUD 로 환산하여 계산되며, 최종적으로 아래와 같이 운임 조회 화면에 코드와 금 액으로 항공권에 표기되게 된다. 택스 코드란은 2개의 택스, AUD24.32-YQ와 AUD60.00-AU와, 나머지 모든 택스의 합을 표기한 AUD81.98XT, 총 3칸으로 이루어 지며, XT는 여러 택스의 총합을 의미한다. XT에 대한 자세한 설명은 운임 구성 란에 ROE 뒤에 위치하며, 각 적용되는 tax에 대한 설명이 해당 tax code와 함께 표기된다.

```
-------------------------------------------------------------
     AL FLGT  BK   DATE  TIME  FARE BASIS        NVB  NVA  BG
 SYD
 LAX UA   842 Y    02DEC 1150  Y1EY                        1P

 AUD  5162.00       02DEC21SYD UA LAX3873.36NUC3873.36END ROE
                    1.332691
 AUD    24.32-YQ   XT AUD 31.28-WY AUD 26.80-US AUD 5.60-XA
 AUD    60.00-AU   AUD 9.90-XY AUD 8.40-YC
 AUD    81.98-XT
 AUD  5328.30
```

　즉, XT는 31.28WY, 26.80US, 5.60XA, 9.90XY, 8.40YC의 합계이며 세금의 총 합은 23.32YQ + 60.00AU + 81.98XT이다.

　위 운임을 사용하는 승객은 항공료 AUD5162 이외에 뒤 세금들을 모두 합한 AUD5328.30을 지불해야한다.

　**그림 내의 AU와 XY등의 금액은 관련 기관이나 항공사에서 해당 세금의 금액을 올리거나 내릴 때 발생하는 것이므로 항공권 발권 날짜를 기준으로 최 종 운임을 계산하여야 한다.

4 | 항공권 세금 표기 방식

항공권 발행 시스템은 99개의 TFC를 기록할 수 있다. 하지만, 항공권 표기상 최대 3가지 종류만 표기할 수 있으며, 3개 이상의 택스가 존재할 경우 3번째 택스 코드를 XT로 정의하고 XT에 대한 세부 설명을 아래 그림과 같이 항공권에 표기하기로 한다.

항공권에 표기되는 다양한 세금 Taxes/Fees/Charges는

- 모든 금액은 적용되는 항공권 통화와 코드를 사용하여 항공권에 입력된다.
- XT 코드는 여러 가지 세금의 합을 의미하며, XT코드가 있을 경우, 항공 운임 구성을 표기하는 칸의 마지막 부분에 XT코드에 대한 자세한 설명을 표기하기로 한다.

```
---------------------------------------------------------
      AL FLGT  BK T DATE  TIME   FARE BASIS       NVB   NVA    BG
 AMS
 DEL KL    871 T  T 17JUL 1425   THXSFNL          17JUL17JUL 1P
 AMS KL    872 T  T 24JUL 0345   THXSFNL          24JUL24JUL 1P

 EUR   918.00       17JULAMS KL DEL Q62.47 535.54KL AMS
                    535.54NUC1133.55END ROE0.809166
 EUR    22.00-YQ   XT EUR 11.61-CJ EUR 14.00-RN EUR 5.38-WO
 EUR   230.00-YR
 EUR    30.99-XT
 EUR  1200.99
```

위 항공권은 5개의 TFC를 적용한다.(22..00YQ, 230.00YR, 11.61CJ, 14.00RN, 5.38WO)

마지막 3개의 세금(11.61CJ, 14.00RN, 5.38WO)는 XT를 통하여 대표 표기 되며, ROE 뒤에 적용되는 코드에 대한 설명을 표기한다. 모든 택스의 합은 항공 운임 EUR918.00에 추가로 부과되며 최종적으로 지불해야 하는 운임의 합은 EUR1200.99이다. Y로 시작되는 택스의 종류는 대부분이 항공사에 의해 부과되는 경우가 많다. YQ는 항공기 유류 비용에 대한 내용이 일반적이며, YR의 경우 항공사에서 부가 서비스에 대한 수수료를 부과할 때 사용하기도 한다.

```
-----------------------------------------------------------------
      AL FLGT  BK T DATE  TIME   FARE BASIS      NVB  NVA   BG
  HEL
XREK FI   343 M  M 08JUL 1535   MHXRQFL                     1P
 YMQ FI   805 M  M 08JUL 1705   MHXRQFL                     1P
XREK FI   804 M  M 18JUL 2010   MHXRQFL                     1P
 HEL FI   342 M  M 19JUL 0730   MHXRQFL                     1P

 EUR  2011.00        08JULHEL FI X/REK FI YMQ1242.59FI X/REK
                     FI HEL1242.59NUC2485.18END ROE0.809166
 EUR   178.00-YR     XT EUR 8.88-FI EUR 1.20-XU EUR 9.56-IS EUR
 EUR     4.88-DQ     10.18-ZU EUR 17.11-CA EUR 0.99-XG EUR 1.98
 EUR    69.71-XT     -XQ EUR 19.81-SQ
 EUR  2263.59
```

Figure 9.7—Roundtrip Ticket HEL to YMQ with taxes

Explanation:

On this ticket, 10 taxes display:

1. 178.00-YR
2. 4.88-DQ
3. 8.88-FI
4. 1.20-XU
5. 9.56-IS
6. 10.18-ZU
7. 17 11-CA
8. 0.99-XG
9. 1.98-XQ
10. 19.81-SQ

위 항공권을 살펴보면 총 10가지의 세금이 표기되어 있음을 알 수 있다. 마지막 8가지 세금은 XT코드로 요약되어 있으며, XT가 포함하는 세금의 종류는 항공 운임 구성 계산 방식에 함께 표기 하기로 한다. 모든 택스는 항공 운임 EUR2011.00에 추가되며, 승객이 지불해야 할 총 비용은 EUR2263.59이다.

Study Check

* 다음 항공권을 보고 아래 질문에 답하시오.(1~3번)

```
        AL FLGT  BK T DATE   TIME  FARE BASIS         NVB  NVA    BG
   MOW
   LON SU   2580 J  J 11OCT 0720  JFM                             2P
   MOW SU    262 J  J 18OCT 1100  JFM                             2P

   EUR  3815.00         11OCTMOW SU LON2356.83SU MOW2356.83NUC
                        4713.66END ROE0.809166
   EUR   204.00-YQ     XT EUR 7.25-RI EUR 29.91-GB EUR 53.64-UB
   EUR     7.25-RI
   EUR    90.80-XT
   EUR  4117.05
```

1. 위 항공권에 적용되는 세금의 갯수는?

    (a) 4

    (b) 5

    (c) 6

    (d) 7

2. XT택스가 의마하는 세금의 갯수는?

    (a) 2

    (b) 3

    (c) 5

    (d) 6

3. 위 항공권에서 항공사에 의해 징수되는 세금은?

    (a) RI

    (b) UB

    (c) YQ

    (d) XT

* 다음 항공권을 보고 아래 질문에 답하시오.(4~6번)

```
       AL FLGT  BK T DATE  TIME  FARE BASIS      NVB  NVA    BG
  BUE
 MAD IB  6856 T  T 11NOV 1435  TDNNNB          11NOV11NOV 2P
 BUE IB  6845 T  T 18NOV 1215  TNNN1O          18NOV18NOV 2P

 USD  1977.00      11NOVBUE IB MAD Q12.00 1585.00IB BUE Q
                   12.00 367.50NUC1976.50END ROE1.000000
 USD   172.13-AR   XT USD 49.00-XR USD 10.00-QO USD 10.00-TQ
 USD   482.00-YQ   USD 24.33-JD USD 0.69-OG USD 3.97-QV
 USD    97.99-XT
 USD  2729.12
```

4. 위 항공권은 몇 개의 세금을 부과하는가?

   (a) 5

   (b) 6

   (c) 7

   (d) 8

5. XT는 몇 개의 세금 코드로 이루어 져 있는가?

   (a) 4

   (b) 5

   (c) 6

   (d) 7

6. 위 항공권에서 항공사에 의해 부과되는 세금은?

   (a) QO

   (b) QV

   (c) XR

   (d) YQ

Chapter 08

항공권
The Ticket

MOBILE APPLICATION

FLIGHT PAY

International
Flight

ICN ✈ NRT
SEOUL TOKYO
INCHEON NARITA

🕐 Date ▼
✈ Economy ▼

Flight

08
항공권
The Ticket

 개요

- 항공권이란 수송 서류 Traffic Document 중 하나이다. 발권 후 승객에게 여정표 혹은 운임 영수증의 형태로 제공되며, 이러한 항공권에는 다양하고 중요한 데이터들이 표기되므로 항공권 판독 시 필요한 정보를 이해하고 살펴보기로 하자.

- 항공권 발행, Ticketing이란, 판매를 기록하고 승객 운송의 사용을 추적하는 방법이다. 승객의 운송과 관련된 모든 데이터, 즉 승객 여정, 운임, 탑승 클래스, 지불 방식, TFC등이 발권 항공사의 시스템에 전산으로 저장된다.

- 항공권 발행 시 가장 중요한 점은 승객과의 정확한 의사 소통을 통하여 승객의 조건에 맞는 항공권을 발행해야 하는 점이다. 제약 조건이 많은 항공권은 승객이 예약을 취소하거나 여행을 취소할 경우 예약 변경이나 취소에 대한 수수료를 부과할 수 있다.

1 항공권 발권

항공권 발권 작업은 전산으로 이루어지며 항공권 발행의 주체가 되는 항공사는 실시간으로 항공권 사용과 변경에 대한 추적이 가능하게 된다. 모든 데이터는 발행일로부터 13개월까지는 추적, 확인이 가능하다.

전자 항공권은 발권 항공사의 데이터 베이스 내에 모든 항공권 데이터가 저장 되어 있기 때문에 분실의 염려가 없다. 승객은 승객의 여정표(Passenger Itinerary Receipt-ITR)의 형태로 발행되는 항공권을 출력하여 소지하며, 항공사는 예약번호나 항공권 번호를 통하여 승객 항공권 정보의 확인이 가능하다.

여행사가 항공권 발행을 진행 할 경우, 발권 메시지는 GDS(Global Distribution System)를 통하여 발권 항공사의 시스템으로 발권 내역이 전송된다. 항공권 내역은 항공사의 데이터 베이스에 저장되며, 항공권 변경, 즉 취소, 예약 변경, 재발행, 환불등의 경우가 생길 경우 여행사의 요청 메시지는 발행 항공사의 데이터 베이스로 전송되어 이러한 변경이 승인 가능한지의 여부를 판단하게 된다.

구매 전, 항공사는 승객의 여정에 대한 변경이나 취소, 직전 변경 등에 대해 충분히 승객과 의사 교환하여야 하며 항공사와 여행사 모두 핸드폰을 통한 발권 데이터를 저장할 수 있도록 편의를 제공해야 한다. 승객은 탑승구, 항공편 재예약, 취소, 항공기 지연 등에 대한 정보를 이메일이나 혹은 문자 메시지를 통하여 편리하게 제공 받을 수 있으며, 항공사와 여행사는 동일한 시스템을 사용하여 승객 혹은 고객에게 특별 프로모션이나 좌석 승급같은 이벤트에 대한 메시지도 전달 할 수 있다.

2 발권 참여 항공사

항공권 발행과 운송 과정에 관련하여 항공사를 크게 3가지 형태로 구분할 수 있다.

☑ **발권 항공사**(Validating Carrier)

항공권 Flight Coupon에 반영되는 3자리 숫자 코드가 표시되는 항공권 발행 주체 항공사

☑ **마케팅 항공사**(Marketing Carrier)

운송을 직접 제공하지 않으나 항공권 Flight Coupon에 운송 항공사로서 표시되는 항공사. 공동 운항의 경우 다른 항공사에 의해 운항이 되지만 운항 항공사의 항공편명, 즉 2레터 코드를 운항을 직접 하지 않고 판매 항공사로 사용하는 경우

☑ **운항 항공사**(Operating Carrier)

운송을 직접 제공하는 항공사

🔍 **발권 참여 항공사 표기의 예**

```
3528-1613
 1.KIM/KYUNGHAE MS
 2  KE5951 Y 10SEP 5 ICNDXB HK1  2355 0425  11SEP  E  KE/5ZE8DP
    OPERATED BY EMIRATES
```

```
*1A PLANNED FLIGHT INFO*              KE5951   17 FR 10SEP21
APT ARR   DY DEP   DY CLASS/MEAL        EQP  GRND  EFT   TTL
ICN           2355 FR J/-  C/M  D/-      77W        9:30
                      I/-  Y/M  B/-
                      MSHEKLUQNT/-
DXB 0425  SA                                             9:30

COMMENTS-
  1.ICN DXB    - COMMERCIAL DUPLICATE - OPERATED BY
                   EMIRATES
  2.ICN DXB    - AIRCRAFT OWNER EMIRATES
  3.ICN DXB    - OPERATIONAL LEG EK 0323
  4.ICN DXB    - DEPARTS TERMINAL 1
  5.ICN DXB    - ARRIVES TERMINAL 3
```

① 운항 항공사 : EK(EK323)

② 마케팅 항공사 : KE(KE5951)

③ 발권 항공사 : 항공권 발행의 주체가되는 항공사로 대한항공에서 항공권을
  발행하게 될 경우 KE, 에미레이트 항공사에서 항공권을 발행하게 될 경우
  EK가 된다. 일반적으로 KE5951편을 발권하게 될 경우 KE항공사에서 발권
  을 진행한다.

3 승객 정보 및 확인

항공기 출발 전 승객의 개인 정보는 승객의 여정과 관련되어 특정 지역의 세관
과 이민국 심사로 항공사에 의해 전달된다. 각 국 정부에게 제공되야 하는 필수 요
소이며, 이를 사전 승객 정보, 즉 API(Advance Passenger Information)라고 부른다. API는
아래와 같은 여권, ID카드 등의 세부 내용을 요구한다.

• 여권 내의 승객 이름

• 생년월일

- 여권 번호/ID card번호(US 경우)
- 여권 만료 기간/ID card 유효 기간
- 국적
- 성별

미국으로 여행할 경우, 항공사는 TSA(Transportation Security Administration), 즉 미국 교통 안전국에 승객의 정보를 전달하여야 한다. SFPD(Secure Flight Passenger Data)라고도 부르는 데이터는 승객이 예약 진행 시 PNR(Passenger Name Record-예약번호)상에 발권 전 입력되어야 하며, 그렇지 않을 경우, 항공사는 승객의 항공권 발행을 거부할 수 있다. 최고 요구 정보 사항은 아래와 같다.

- 승객 이름
- 생년 월일
- 성별

항공권 발행 후, 승객은 여행 시 여권이나 글로벌 ID card등을 소지하여 본인의 신분을 입증 할 수 있어야 한다.

---

4 항공권 정보 확인

항공권은 승객과 항공사 간의 계약이다. 항공권은 여행 시작일로부터 최대 1년 동안 유효한 가치를 지니며, 여러 다양한 GDS시스템을 통하여 발권된 항공권은 동일한 정보를 포함하여 발행된다. 하지만, 각 다양한 시스템에서 표기되는 정보의 유형이나 방식은 시스템마다 서로 다를 수 있다.

아래 ETR(Ellectronic Ticket Records)의 예를 살펴보자.

항공권 예시(GDS-Travelport 발행 항공권)

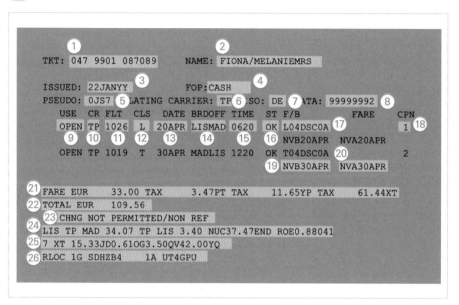

	Data Element Label	Data Element Description
1	TKT	Ticket number
2	NAME	Passenger's surname/first name and title
3	ISSUED	Date of ticket issue
4	FOP	Form of payment
5	PCC	Pseudo city code, GDS code assigned to the agency's point of sale terminal
6	PLATING CARRIER	Validating (Issuing) airline code
7	ISO	2-letter code for country where ticket was issued
8	IATA	Ticketing or agency IATA number
9	USE	Coupon status indicator
10	CR	Marketing carrier code
11	FLT	Flight number
12	CLS	Booking class code
13	DATE	Scheduled departure date
14	BRDOFF	The flight's from/to cities flight origin and destination
15	TIME	Local departure time

(16)	ST	Booked flight status code (OK = confirmed)
(17)	F/B	Fare basis code
(18)	CPN	Flight coupon number
(19)	NVB	Not valid before date (DDMMM), if any, for each flight segment
(20)	NVA	Not valid after date (DDMMM), if any, for each flight segment
(21)	FARE	Local currency fare or base fare
(22)	TOTAL	Sum of fare and TFCs
(23)	none	Ticket endorsement and restriction
(24)	none	Linear fare calculation
(25)	none	Tax Codes and amounts, including summed taxes with code XT
(26)	RLOC	GDS PNR record locator
		Note that two record locators are displayed:
		1G (Galileo record locator from the travel agency system)
		1A (Amadeus record locator from the airline)

항공권 예시(GDS-Sabre 발행 항공권)

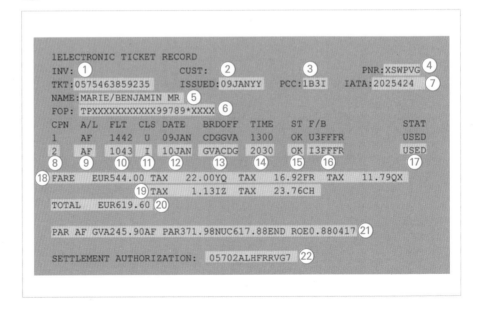

	Data Element Label	Data Element Description
(1)	TKT	Ticket number
(2)	ISSUED	Date of ticket issue
(3)	PCC	Pseudo city code, GDS code assigned to the agency's point of sale terminal
(4)	PNR	GDS PNR record locator
(5)	NAME	Passenger's surname/first name and title
(6)	FOP	Form of payment
(7)	IATA	Ticketing or agency IATA number
(8)	CPN	Flight coupon number
(9)	A/L	Marketing carrier code
(10)	FLT	Flight number
(11)	CLS	Booking class code
(12)	DATE	Scheduled departure date
(13)	BRDOFF	The flight's from/to cities flight origin and destination
(14)	TIME	Local departure time
(15)	ST	Booked flight status code (OK = confirmed)
(16)	F/B	Fare basis code
(17)	STAT	Coupon status indicator
(18)	FARE	Local currency fare or base fare
(19)	none	TFC (TAX) breakdown
(20)	TOTAL	Sum of fare and TFCs
(21)	none	Linear fare calculation
(22)	SETTLEMENT AUTHORIZATION	ESAC (Electronic Settlement Authorization Code) from the validating carrier, confirming that all ticket coupons are consumed

항공권 예시(GDS-Amadeus 발행 항공권)

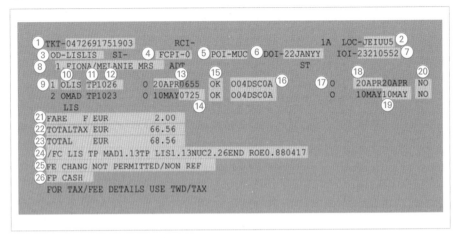

	Data Element Label	Data Element Dsecription
①	TKT	Ticket number
②	LOC	GDS PNR record locator
③	OD	Origin and final destination points
④	FCPI	Fare calculation pricing indicator
		0 = fare has been computer priced
		1 = manually priced or could be auto-priced with agent overrides
		2 = fare was auto-priced both baggage and/or TFCs manipulated
⑤	POI	Place (city) of issue
⑥	DOI	Date of ticket issue
⑦	IOI	Issuing office or agency IATA number
⑧	none	Passenger's surname/first name and title
⑨	none	Ticket coupon number
⑩	none	Flight coupon departure city
⑪	none	Marketing carrier 2-character code
⑫	none	Coupon flight number
⑬	none	Scheduled departure date
⑭	none	Scheduled departure time
⑮	none	Booked flight status code (OK = confirmed)
⑯	none	Fare basis code
⑰	none	Flight coupon status indicator code (O = OPEN)
⑱	none	Not valid before date (DDMMM), if any, for each flight segment
⑲	none	Not valid after date (DDMMM), if any, for each flight segment
⑳	none	Checked baggage allowance (NO = no checked bags included with the price)
㉑	FARE	Local currency fare or base fare
㉒	TOTAL TAX	Sum of TFCs
㉓	TOTAL	Sum of fare and TFCs
㉔	/FC	Fare calculation breakdown
㉕	FE	Endorsement box displaying change and cancellation restrictions
㉖	FP	Form of payment (in this case, the agency has collected payment from the customer and has issued an invoice to the customer. The customer may be paying in currency banknotes, by credit or debit card or even by bank cheque. Nevertheless, the travel agency is holding the TOTAL amount in trust for remittance to the validating carrier.

5 │ 항공권 추가 요소

항공권은 항공 운임에 영향을 미치는 부가적인 데이터를 포함하고 있다.

⊘ 최소 체류 기간 및 최대 체류 기간

> NVB(Not Valid Before) and NVA(Not Valid After)

운임 규정이 취소나 여정 변경의 수수료를 적용할 경우 항공권의 쿠폰은 쿠폰 마다의 실제 여행 날짜를 항공권에 표시 하도록 되어 있다.

아래 항공권의 경우 NVB와 NVA에 원래 여정의 날짜가 찍혀 있음을 확인할 수 있으며, 이 운임의 경우 항공권 발행 후 날짜 변경이나 취소시 수수료를 부과하는 규정이 적용됨을 의미한다.

```
       AL FLGT  BK    DATE  TIME  FARE BASIS       NVB  NVA      BG
 MEX
 LIM AM     46 R     27AUG 0820  RLXLKTCM         27AUG27AUG 2P
 MEX AM     47 R     04SEP 1550  RLXLKTCM         04SEP04SEP 2P

 USD    570.00       27AUG  MEX AM LIM Q165.00 120.00AM MEX Q
 MXN     10833       165.00 120.00NUC570.00END ROE1.000000
 MXN   1090-XD       XT MXN 15-YR MXN 285-DY MXN 579-HW
 MXN     654-XO
 MXN     879-XT
 MXN   13456
 RATE USED 1USD=19.00430MXN
```

```
CATEGORY 16 PENALTIES
CANCELLATIONS
ANY TIME
TICKET IS NON-REFUNDABLE IN CASE OF CANCEL/REFUND.

CHANGES
ANY TIME
CHARGE USD 200.00 FOR REISSUE/REVALIDATION.
```

만약, 항공 운임의 규정이 취소나 예약 변경을 무료로 허용해 줄 경우 NVB(최소 체류 기간)와 NVA(최대 체류 기간)는 실제 항공권이 유효한 기간만을 표기하여 유효기간

내에 자유롭게 항공권 날짜를 변경할 수 있게 된다.

⊘ 항공 운임 산출 방식

FCMI(Fare Calculation Mode Indicator) & FCPI(Fare Calculation Pricing Indicator)

FCMI와 FCPI는 모두 항공권 발행지에서 항공 운임을 어떠한 방식으로 계산하였는지에 대한 설명을 표기한다. 항공권 발행의 주체가 되는 항공사는 여행사나 항공사에서 발행한 항공권을 항공 운임 계산 표기를 통하여 올바르게 발행하였는지를 확인하며, 항공 운임의 오류가 생길 경우 ADM(Agent Debit Memo)를 통하여 항공권 발행 여행사에게 페널티를 부과하게 된다. 만약 여행사가 이 페널티를 부인하게 되면, 항공사로 이의 제기를 할 수 있으며, 항공사는 이의 제기의 근거를 통하여 정당성을 판단하게 된다.

GDS 시스템은 시스템 내에서 자동 계산되는 항공 운임에 대해 올바른 운임임을 보증한다. 그러므로, 자동 운임 계산 방식은 여행사가 안전하게 항공권을 발행할 수 있도록 하며, 이때 만약 운임을 수동으로 수정하였을 경우, 항공사는 여행사의 운임 변경에 대하여 책임을 지지 않는다.

⊘ 항공권 상태 표기

Status Code Indicators

전자항공권은 이전의 종이 항공권과 달리 항공권의 사용 여부가 전산상으로 GDS내에 저장되게 된다. 전자항공권을 사용하기 전 항공 전문가는 승객의 항공권이 유효한지 먼저 확인하여야 하며, 승객이 항공권을 이용하여 탑승이 완료된 후에는 항공권 상태를 탑승 완료로 처리하여야 승객의 항공권 재사용을 방지할 수 있다.

항공기 탑승이 가능한 상태 코드는 O(Open for Use)이며 사용이 완료된 상태 코드는 F(Flown)으로 표기 된다.

항공사 직원은 F로 표기된 항공권을 수속해서는 안되며, 또한 R(Refunded)과 같이 이미 승객이 환불을 요청한 항공권을 수속해서도 안된다.

항공권의 상태 코드는 그 항공권의 사용 가능 여부를 표기하는 중요한 역할을 하며, 이는 항공사의 수익과도 직접적인 영향을 미치므로 예약,발권 및 수속 진행 시 반드시 상태 코드를 확인하여 올바른 항공권 사용을 하여야 한다.

항공권 상태 표기 코드

Letter Format	Code Format	Text Format	Explanation
A	CTRL	AIRPORT CONTROL	indicates that the airline has gained control of the flight coupons
C	CKIN	CHECKED-IN	indicates the passenger has checked in for the flight
E	EXCH	EXCHANGED REISSUED	indicates the value of the coupon(s) has been used in payment for a new transaction
F	FLOWN USED	FLOWN	indicates that the journey associated with the flight coupon has been completed and is now ready for billing and revenue reporting
O	OPEN	OPEN FOR USE	indicates the coupons are eligible for changes
R	RFND	REFUNDED	means that the unused value of the ticket has been refunded to the passenger
S		SUSPENDED	indicates that the validating carrier restricts the coupon use, often because the passenger did not cancel and did not travel (no-show)
V	VOID	VOID	shows the cancellation of the entire ticket

GDS내의 항공권 상태 표기 방식

```
TKT-1803331200291        RCI-                    1A LOC-5ZE8DP
 OD-SELSEL  SI-      FCPI-0   POI-SEL  DOI-24AUG21  IOI-00039911
   1.KIM/KYUNGHAE MS            ADT       ST  N
 1 O ICNBKK    KE    651 Y 04SEP 1805 OK O      YRT
                                                  04SEP 1PC
 2 O BKKICN    KE    652 Y 13SEP 2330 OK O      YRT
                                                  04SEP 1PC
FARE   F KRW      1377600
TOTALTAX KRW        99800
TOTAL    KRW      1477400
/FC SEL KE BKK605.74KE SEL605.74NUC1211.48END ROE1137.119056
FP CASH
NON-ENDORSABLE
FOR TAX/FEE DETAILS USE TWD/TAX
```

전자항공권 내의 상태 코드 표기 방식

전자항공권 번호
180-3331066872
KIM/Kyunghae ms (ADT)

Conjunction	Record Locator	Comp Loc	유형	CRS	상용고객번호	IATA 번호	출발/도착	운임계산모드	발급처	발급일
	6SW5HI		ETKT	1A		00039911	SELSEL	O	SEL	19APR21

#	출발	도착도시	경유	항공편	등급	날짜	시간	Status	Fare Basis	쿠폰상태	NVB	NVA	수하물	Involuntary	Indicator
1	ICN	BKK	O	KE 651	C	01JUL	1805	OK	CRT	OPEN		01JUL22	2PC	-	-
2	BKK	ICN		KE 652	C	06JUL	2330	OK	CRT	OPEN		01JUL22	2PC	-	-

발급 상태: F (첫 번째 발행)

Fare Information			**Additional Information**	
	통화	금액	Tour code	
Published Fare	-	-	Commission	0.00 (P)
Net Fare	-	-	Fare Calculation	SEL KE BKK884.44KE SEL884.44NUC1768.88END
Selling Fare	KRW	2,001,800		ROE1131.667823
Banker's Rate:	-		ORIG issue/in EXCH	-
Equivalent Fare	-	-	Endorsement/Restrictions	
Taxes	KRW	73700	SAC	
총액	KRW	2075500	기타 정보	Non-endorsable
			Related document	

지불 수단 요약			
유형	세부사항		승객별 금액
현금			

운임 계산 표기

Fare Calculation

항공 운임이 계산되는 방식을 표기하여 항공 운임 구조를 이해 할수 있도록 정보를 제공한다. 운임이 분리되는 지점과 지점 간의 운임을 왼쪽에서 오른쪽 방향으로 규정된 방식에 따라 표기하며 항공사, 여행사 직원 누구나 규정에 따른 해석을 통해 여정의 운임 구조를 해석할 수 있다.

특히, 운임 구조에 대한 이해는 항공권 발권 후 발생할 수 있는 여정 변경 등에 중요한 역할을 한다.

◉ GDS내의 항공 운임 계산 방식 표기

```
/FC SEL KE BKK884.44KE SEL884.44NUC1768.88END ROE1131.667823
```

◉ 전자 항공권내의 항공 운임 계산 방식 표기

Additional Information	
Tour code	
Commission	0.00 (P)
Fare Calculation	SEL KE BKK884.44KE SEL884.44NUC1768.88END ROE1131.667823
ORIG issue/in EXCH	-
Endorsement/Restrictions	
SAC	
기타 정보	Non-endorsable
Related document	

6 │ 항공 여정표

　항공 여정표는 항공권 발권 후 자동으로 발행된다. 항공권을 구매하는 승객은 항공권을 발행한 여행사, 혹은 발권 항공사에서 제공 받을 수 있다. 항공 여정표는 승객에게 운송 계약서를 제공하며 승객의 여정 기록 내에 있는 여정과 동일한 항공권 정보를 표기한다. 승객이 출발하기 전 반드시 항공 여정표는 승객에게 제공되어야 하며, 일반적으로 전자 항공권이 발행되어 이메일로 전달되므로, 이메일을 통하여 확인된 여정표는 인쇄하여 여행 시 보관하여야 한다.

항공 여정표는 아래와 같은 기본 정보를 포함하고 있다.

- Passenger Name and Frequent Flyer number, if any
- Airline Designator or name of Marketing Carrier
- Name of Operating Carrier when different from the Marketing Carrier
- Flight Number(s)
- Date of Flight(s)
- Flight Departure Time(s)
- For each flight Origin and Destination Airport/City Code(s)
- Fare (Base Amount)
- Ticket/Document Amount (BT, IT when applicable)
- Equivalent Fare Amount (when applicable)
- Form of Payment
- TFC Amount(s), if any
- Reservations Status Code(s)
- Date of Issue
- Issuing Agency/Airline-Name and Place of Issue
- Ticket/Document Number(s) (also include conjunction ticket/document numbers), if any
- Endorsements/Restrictions (including period of validity), if any
- Baggage Allowance (either free or paid baggage)
- Additional Baggage Information
- The airline's CO_2 emissions statement

항공 예약 번호(PNR)내에 있는 여정 정보는 항공권 발권시 전달되어 항공권에 정보가 입력되며, 전달된 정보는 다시 항공 여정표로 입력된다.

1GDS내의 전자 항공권-항공 여정표

```
ELECTRONIC TICKET
                        PASSENGER ITINERARY RECEIPT

FTI TICKETSHOP GMBH              DATE: 22 JAN
SCHULUNGSRAUM BERLIN            AGENT: 2222
LANDSBERGER STRASSE 88          NAME:FIONA/MELANIE MRS
80339  MUENCHEN
IATA       : 232 10552
TELEPHONE  : 089-25251500


ISSUING AIRLINE                     : TAP PORTUGAL
TICKET NUMBER                       : ETKT 047 2691751903
BOOKING REF : AMADEUS: JEIUU5, AIRLINE: TP/JEIUU5

FROM /TO         FLIGHT  CL DATE   DEP     FARE BASIS  NVB    NVA   BAG  ST
LISBON AIRPORT   TP 1026 O  20APR  0655    O04DSC0A    20APR 20APR 0PC  OK
TERMINAL:1
MADRID ADOLFO                    ARRIVAL TIME: 0910  ARRIVAL DATE: 20APR
SUAREZ BARAJAS
TERMINAL:2        LATEST CHECK-IN:0555
MADRID ADOLFO    TP 1023 O  10MAY  0725    O04DSC0A    10MAY 10MAY 0PC  OK
SUAREZ BARAJAS
TERMINAL:2
LISBON AIRPORT                   ARRIVAL TIME: 0745  ARRIVAL DATE: 10MAY
TERMINAL:1        LATEST CHECK-IN:0640

AT CHECK-IN, PLEASE SHOW A PICTURE IDENTIFICATION AND THE DOCUMENT YOU GAVE
FOR REFERENCE AT RESERVATION TIME

ENDORSEMENTS  : CHNG NOT PERMITTED/NON REF
PAYMENT       : INV

FARE CALCULATION  :LIS TP MAD1.85TP LIS1.85NUC3.70END ROE0.880417XT
                   11.65YP15.33JD0.610G3.50QV

AIR FARE          : EUR     4.00
TAX               : EUR     3.47PT   EUR     11.65YP   EUR     15.33JD
                    EUR     0.610G   EUR      3.50QV
AIRLINE SURCHARGES: EUR    32.00YQ
TOTAL             : EUR    70.56

FLIGHT(S) CALCULATED AVERAGE CO2 EMISSIONS IS 156.76 KG/PERSON
SOURCE: ICAO CARBON EMISSIONS CALCULATOR
HTTP://WWW.ICAO.INT/ENVIRONMENTAL-PROTECTION/CARBONOFFSET/PAGES/DEFAULT.ASPX

NOTICE
CARRIAGE AND OTHER SERVICES PROVIDED BY THE CARRIER ARE SUBJECT TO CONDITIONS OF CARRIAGE,
WHICH ARE HEREBY INCORPORATED BY REFERENCE. THESE CONDITIONS MAY BE OBTAINED FROM THE ISSUING
CARRIER.

THE ITINERARY/RECEIPT CONSTITUTES THE PASSENGER TICKET FOR THE PURPOSES OF ARTICLE 3 OF THE
WARSAW CONVENTION, EXCEPT WHERE THE CARRIER DELIVERS TO THE PASSENGER ANOTHER DOCUMENT
COMPLYING WITH THE REQUIREMENTS OF ARTICLE 3.

PASSENGERS ON A JOURNEY INVOLVING AN ULTIMATE DESTINATION OR A STOP IN A COUNTRY OTHER THAN
THE COUNTRY OF DEPARTURE ARE ADVISED THAT INTERNATIONAL TREATIES KNOWN AS THE MONTREAL
CONVENTION, OR ITS PREDECESSOR, THE WARSAW CONVENTION, INCLUDING ITS AMENDMENTS (THE WARSAW
CONVENTION SYSTEM), MAY APPLY TO THE ENTIRE JOURNEY, INCLUDING ANY PORTION THEREOF WITHIN
A COUNTRY. FOR SUCH PASSENGERS, THE APPLICABLE TREATY, INCLUDING SPECIAL CONTRACTS OF CARRIAGE
EMBODIED IN ANY APPLICABLE TARIFFS, GOVERNS AND MAY LIMIT THE LIABILITY OF THE CARRIER. THESE
CONVENTIONS GOVERN AND MAY LIMIT THE LIABILITY OF AIR CARRIERS FOR DEATH OR BODILY INJURY OR
LOSS OF OR DAMAGE TO BAGGAGE,AND FOR DELAY.
```

여행사 발행 전자 항공권-항공여정표

(주)참항공여행사

여행사 정보 및 담당자 연락처

승객성명 Passenger Name **KIM/KYUNGHAE MS**	항공권번호 Ticket Number **1802665644216**	예약번호 Booking Reference **5396-0552**

1

서울 ICN		다 낭 DAD	KE0461
Incheon international Terminal No: 2 17OCT18(수)11:10 (Local Time)	→	International Terminal No: 2 17OCT18(수)13:55 (Local Time)	예약번호: MBCW4Q Operated by KE **KOREAN AIR**

※ 대한항공은 인천공항 제2여객터미널 에서 운항합니다.

예약등급 Class	K (일반석)	예약상태 Status	OK (확약)	비행시간 Flight Time	4시간 45분
운임 Fare Basis	KLE0ZRSP	항공권 유효기간 Validity	- ~ 17JAN19	SKYPASS 마일리지 SKYPASS Miles	1861
수하물 Baggage	1PC	기종 Aircraft Type	BOEING 777-300ER		

2

다 낭 DAD		서울 ICN	KE0462
International Terminal No: 2 20OCT18(토)15:30 (Local Time)	→	Incheon international Terminal No: 2 20OCT18(토)22:05 (Local Time)	예약번호: MBCW4Q Operated by KE **KOREAN AIR**

예약등급 Class	K (일반석)	예약상태 Status	OK (확약)	비행시간 Flight Time	4시간 35분
운임 Fare Basis	KLE0ZRSP	항공권 유효기간 Validity	- ~ 17JAN19	SKYPASS 마일리지 SKYPASS Miles	1861
수하물 Baggage	1PC	기종 Aircraft Type	BOEING 777-300ER		

※ 예약등급은 항공사 FLIGHT 정보에 따라 표기 내용과 상이할 수 있습니다.
※ 할인 또는 무임 항공권의 경우 예약 등급에 따라 마일리지 적립률이 상이하거나 마일리지가 제공되지 않습니다.
※ 스케줄, 기종 및 좌석등급(서비스클래스)은 부득이한 사유로 사전 예고없이 항공사 사정으로 변경될 수 있습니다.
　또한 항공기 교체등의 부득이한 사유로 선택하신 좌석이 변경될 수 있으니 탑승수속 시 기종 및 좌석번호를 재확인해 주시기 바랍니다.
※ 모든 정보는 항공사나 공항 사정에 의해서 변경될 수 있습니다.

☰☲ 항공권 운임정보 Ticket/Fare Information

※ 연결항공권 Conj.Ticket No.	-
※ 운임산출내역 Fare Calculation	SEL KE DAD Q17.84 218.61KE SEL Q17.84 218.61NUC472.90END ROE1120.695774
※ Tour Code Tour Code	8SDQNIETMS
※ 산출운임 Fare Amount	KRW 530000(Paid Amount KRW 530000)
※ 지불화폐 Equiv.Fare Paid	
※ 세금/항공사 부과 금액 Taxes/Carrier-imposed Fees	Paid Amount KRW 110800
※ 세금 Taxes	KRW 28000BP 2300C4 22900JC
	＊한국 출발 세금(BP)에는 국제여객공항이용료(인천/김포공항 17,000원, 기타 12,000원), 　출국납부금 10,000원, 국제질병퇴치기금 1,000원이 포함되어 있습니다.
※ 유류할증료 Fuel Surcharge	KRW 57600YR
※ 부가수수료 Service Fees	
※ 총산출금액 Total Amount	KRW 640800 (Total Paid Amount KRW 640800)
※ 지불수단 Form of Payment	CCAX XXXXXXXXXXXX3915 / 0621/03
※ 발행일/발행처 e-Ticket Issue Date/Place	15OCT2018 / 17312341 / SELK1328N
	＊지불금액은 (Total Paid Amount)에 표기된 금액을 확인하시기 바랍니다.

⚠ 유의사항 Notice

- 본 e-티켓 확인증과 함께 제공된 법적 고지문을 반드시 참고하여 주시기 바랍니다.
- e-티켓 확인증은 탑승수속시, 입출국/세관 통과시 제시하도록 요구될 수 있으므로 반드시 전 여행 기간 동안 소지하시기 바랍니다. e-티켓 확인증의 이름과 여권상의 이름은 반드시 일치해야 합니다.
- 본 e-티켓 확인증은 e-티켓의 정보 등을 확인하기 위하여 제공되는 서면에 불과하며 소지인에게 당해 운송 관련 어떠한 법적 권리를 부여하지 않습니다. 본 e-티켓 확인증을 임의로 위변조할 경우 형법에 따라 처벌받을 수 있으며 이로 인하여 대한항공 또는 정당한 e-티켓 소지자가 입은 손해를 배상하여야 합니다.
- 대부분의 공항에서 탑승수속 마감시간은 해당 항공편 출발 1시간 전으로 되어있으니, 해당 출발 예정시각 최소 2시간 전에는 공항에 도착하시기 바랍니다.
- 공동운항편의 탑승 수속은 실제 운항하는 항공사의 터미널과 탑승수속 카운터를 이용하셔야 합니다. 운항항공사 규정에 따라 탑승수속 마감시간이 다를 수 있으니 반드시 확인하시기 바랍니다.
- 사전에 좌석을 배정받으신 고객께서는 항공기 출발 1시간 30분 전까지 (일등석 및 프레스티지석 이용 고객께서는 1시간 전까지) 탑승권을 발급 받으시기 바랍니다. 해당 시각까지 탑승권으로 교환하지 못하신 고객은 사전 배정된 좌석 번호가 본인에게 배정되지 않을 수도 있습니다.
- 대한민국 항공보안법 규정에 따라 탑승구에서 여권과 탑승권을 확인하고 있사오니 협조하여 주시기 바랍니다. 여행지 국가 입국에 필요한 출입국 규정을 사전에 확인하고 이에 필요한 여권 비자 등의 여행 서류는 승객 책임하에 확인 및 준비되어야 합니다. 필요한 여행 서류가 구비되지 않는 경우 탑승수속이 불가할 수 있으며 이에 따르는 모든 손해 또는 비용은 여객운송약관에 의거 당사에서 책임을 부담하지 않음을 안내 드립니다.
- 공동운항편의 경우 운항사에서 구입 시와 운임이 다를 수 있습니다. 또한 운항 항공사의 수하물 규정이 적용될 수 있습니다.
- **KE 공동운항편 제반 서비스는 양사간 협의 하에 제공되나 기본적으로 운항사 기준을 따릅니다.** 일부 운항사에서는 사전좌석배정, 아기바구니, 특별기내식, 스카이패스 우수회원 혜택, 웹/모바일/키오스크 체크인 등의 서비스가 제공되지 않을 수 있습니다.
- 일부 항공사 (공동운항 포함)에서는 탑승수속 시 해당 항공사 정책에 따라 무료 수하물 허용량과는 별도로, 위탁 수하물에 대한 Handling Fee (수하물 취급수수료)를 징수하는 경우가 있으니, 자세한 사항은 해당 항공사로 확인하시기 바랍니다.
- 위험물의 위탁 또는 기내반입이 불가합니다. (미국 출 도착편의 경우 위반시 미국 연방법에 따라 징역 5년과 $250,000 이상의 벌금이 부과될 수 있습니다.) 위험물에는 폭발물, 압축가스, 인화성 액체 및 고체, 산화제, 독극물, 부식성 물질 및 방사성 물질이 포함됩니다. (예시: 페인트, 라이터용 연료, 폭죽, 최루가스, 산소통, 방사성 의약품) 위탁 수하물 내 적은 양의 약품, 화장품과 흡연용 물품의 휴대는 예외가 될 수 있으며, 더 자세한 사항은 항공사로 문의 하시기 바랍니다.
- 파손되기 쉬운 물품, 부패나 변질의 우려가 있는 물품, 화폐, 보석류, 귀금속류, 유가증권, 기타 귀중품 또는 중요한 견본이나 서류, 의약품 및 전자제품 (노트북, 카메라, 핸드폰,MP3등)은 수하물로 위탁이 불가하오니 직접 휴대하시기 바랍니다. 휴대가 불가하여 상기 물품을 위탁하시는 경우 저희 직원에게 문의하여 주십시오. 책임 제한을 포함한 모든 수하물 관련사항은 당사 여객운송 약관을 참고하여 주십시오.
- 항공사가 제공하는 운송 및 기타 서비스는 운송 약관에 준하며, 필요시 참조하실 수 있습니다. 이 약관은 발행 항공사를 통해 확인하실 수 있습니다.

✈ 항공권 제한 사항 Ticket Restriction

항공권 유효기간	서울(ICN/Incheon intl) - 다 낭(DAD/Da nang) : 2019년 01월 17일 다 낭(DAD/Da nang) - 서울(ICN/Incheon intl) : 2019년 01월 17일
타 항공사로 항공권 양도	> 본 항공권은 타 항공사로 양도하여 사용할 수 없습니다.
환불	> 환불 위약금이 부과됩니다. 환불 환불위약금 (Penalty)은 구매 항공권의 운임 규정에 따라 부과 됩니다. 단, 한국 출발의 경우 환불위약금 (Penalty)은 전체 미사용 항공권의 경우 환불 접수 시점 별로 자동 부과되며, 부분 사용 항공권의 경우 항공권의 운임 규정에 따라 부과됩니다.

[환불 접수 시점 별 환불 위약금 금액]

예약 클래스	거리별	출발일 기준 환불 접수일					부분환불 재발행
		~91일 이전	90~61일 이전	60~15일 이전	14~4일 이전	3일 이내	
D,I,R	장거리	무료	3만원	30만원	36만원	45만원	30만원
	중거리			20만원	24만원	30만원	20만원
	단거리			10만원	12만원	15만원	10만원
B,M	장거리			15만원	18만원	23만원	15만원
	중거리			7만원	9만원	11만원	7만원
	단거리			5만원	6만원	8만원	5만원
S,H,E,K,L,U,Q	장거리			20만원	24만원	30만원	20만원
	중거리			10만원	12만원	15만원	10만원
	단거리			7만원	9만원	11만원	7만원
N,T	장거리			25만원	30만원	38만원	25만원
	중거리			15만원	18만원	23만원	15만원
	단거리			10만원	12만원	15만원	10만원

- 장거리 : 미주, 유럽, 대양주, 중동, 아프리카행
- 중거리 : 동남아, 서남아, 타슈켄트행
- 단거리 : 일본, 중국, 홍콩, 타이페이, 몽골, 이르쿠츠크, 블라디보스토크행
- 결합 항공권인 경우 높은 환불위약금이 적용됩니다.
- 재발행된 항공권은 부분 환불위약금과 동일하게 적용 됩니다.
- 환불 위약금이 없는 경우에도 환불 수수료는 별도로 부과되며, 환불 수수료는 항공권 지불 통화에 따라 상이하오니 확인하여 주시기 바랍니다.
- 환불수수료 : KRW 30,000 / JPY 2,500 / CAD 35 / EUR 30 / IDR 430,000 / (Other Currency USD 30)
- 단, 한국발 전체 미사용 항공권 중 첫 출발일 기준 91일 이전에 환불 접수인 경우는 상기 수수료가 면제 됩니다. (보너스 및 단체 항공권 제외)
- 환불 신청 기한은 항공권 유효기간 만료일로부터 30일 이내 입니다.
- 항공권이 재발행된 경우 재발행 항공권 또는 최초 발행 항공권에 대한 위약금이 발생할 수 있습니다.
- 환불은 항공권 명의인(미성년자의 경우 법정 대리인)의 신청을 기본으로 하며, 명의인 외 환불 시 필요서류는 대한항공 서비스센터나 지점 또는 발권하신 여행사로 문의하시기 바랍니다.
- 미사용 세금의 경우 해당 세금 규정에 별도의 제약이 없을 경우 요청 시 환불 받으실 수 있습니다.
- 정확한 환불위약금은 대한항공 또는 발권하신 여행사로 확인하시기 바랍니다.
- 보너스 항공권 환불 시 환불 수수료가 공제됩니다.
- > 출발 전 전체 미사용 항공권 환불의 경우 환불 접수 시점별로 환불 수수료가 공제됩니다.
  [환불접수일 기준 2019년 1월 21일 부]
  [유효기간 이내] 출발일 기준 환불 접수일 91일 이전 무료, 90일 이내 3,000마일
  [유효기간 이후] 10,000마일
- > 출발 후 부분 사용한 항공권 환불의 경우 환불 수수료가 공제 됩니다.

재발행	> 재발행 수수료가 부과됩니다. (수수료 KRW 70,000)

재발행 수수료는 구매 항공권의 운임 규정에 따라 부과 됩니다.

운송등급	예약 클래스	거리	재발행 수수료
일등석	P, F	전 구간	무료
비즈니스석	J, C	전 구간	무료
	D	장거리	15만원
		중거리	7만원
		단거리	5만원
	I, R	장거리	20만원
		중거리	10만원
		단거리	7만원
일반석	Y	전 구간	무료
	B, M	장거리	10만원
		중거리	5만원
		단거리	4만원
	S, H, E, K, L, U, Q	장거리	15만원
		중거리	8만원
		단거리	6만원
	N, T	장거리	20만원
		중거리	10만원
		단거리	8만원

- 장거리 : 미주, 유럽, 대양주, 중동, 아프리카행
  중거리 : 동남아, 서남아, 타슈켄트행
  단거리 : 일본, 중국, 홍콩, 대만, 몽골, 이르쿠즈크, 블라디보스톡행
- 자세한 재발행 문의는 항공사 또는 항공권 발행한 여행사로 문의하시기 바랍니다.
- 예약변경/재발행
  예약변경 : 동일한 조건 (운임, 유효기간, 예약등급) 내 날짜 변경 및 편명 변경
  재발행 : 예약변경 이외의 항공사 변경, 구간 변경, 도중체류 변경, 유효기간 연장 등 기타 변경

예약부도 위약금	항공편 출발 이전까지 예약취소 없이 탑승하지 않거나 탑승수속 후 탑승하지 않는 경우 예약부도 위약금이 부과됩니다.

(재발행 수수료 또는 환불 위약금은 별도 규정에 따라 적용됩니다.)
지역별 적용 금액
[장거리 - 미주/유럽/중동/대양주/아프리카] : KRW 120,000
[중거리 - 동남아/서남아] : KRW 70,000
[단거리 - 한국/일본/중국/홍콩/대만/몽골/블라디보스토크/이르쿠즈크] : KRW 50,000
* 출국장 입장 후 탑승을 취소하시는 경우 KRW 200,000 할증 부과됩니다.
  예약부도 위약금은 출발지국에 따라 다르게 적용될 수 있습니다.

IATA 법적고지문 IATA E-Ticket Legal Notice

계약 조건 및 중요 안내사항

여객의 최종 목적지 또는 도중 착륙지가 출발 국 이외의 타국 내의 일개 지점일 경우, 해당 여객은 출발지 국 또는 목적지 국내의 구간을 포함한 전체 여행에 대하여 소위 몬트리올 협약, 또는 수정된 바르샤바 협약 체제를 포함한 선행 협약인 바르샤바 협약으로 알려진 국제 협약들의 규정이 적용될 수 있음을 알려 드립니다.
이러한 여객들을 위하여, 적용 가능한 태리프에 명시된 특별 운송 계약을 포함한 제 협약은 운송인의 책임을 규정하고 제한하기도 합니다.

책임 제한에 관한 고지

몬트리올 협약 또는 바르샤바 협약 체제에 속한 협약이 귀하의 여행에 적용될 수 있으며, 이러한 협약들은 사망 또는 신체 상해, 수하물의 분실 또는 손상, 운송 지연 등에 대하여 항공 운송인의 책임을 제한할 수 있습니다.

몬트리올 협약이 적용되는 경우, 책임 한도는 다음과 같습니다.

1. 사망 및 신체 상해의 경우 운송인의 손해 배상액에는 제한이 없습니다.
2. 수화물의 파괴, 분실, 손상 및 지연의 경우, 대부분의 경우 여객 1인당 1,131 SDR(약 1,200 유로, 1,800 US달러 상당액)로 제한됩니다.
3. 지연으로 인한 손해에 관하여는 대부분의 경우 여객 1인당 4,694 SDR(약 5,000 유로, 7,500 US달러 상당액)로 제한됩니다.

EC Regulation 889/2002는 유럽 연합 회원국 운송인들에게 여객 및 수하물의 운송에 대하여 몬트리올 협약의 책임 제한에 관한 조항들이 적용되도록 규정하고 있습니다. 유럽연합 이외 지역의 다수 운송인들도 승객과 수하물의 운송에 대하여 몬트리올 협약의 규정을 따르고 있습니다.

바르샤바 협약 체제에 속한 협약이 적용되는 경우 다음의 책임 한도액이 적용됩니다.

1. 여객의 사망 및 신체 상해에 대하여 헤이그 의정서에 의하여 개정된 협약이 적용되는 경우 책임 한도액은 16,600 SDR (약 20,000 유로, 20,000 US달러 상당액), 바르샤바 협약이 적용되는 경우에는 8,300 SDR(약 10,000 유로, 10,000 US달러 상당액)로 제한 됩니다. 다수의 운송인들은 자발적으로 이러한 책임 제한을 포기한 바 있으며, 미국의 관련 법규는 미국을 출발, 도착지로 하거나 미국 내에 예정된 기항지가 있는 여행의 경우 책임 한도액을 75,000 US달러 보다 많을 수도 있도록 요구하고 있습니다.
2. 위탁 수하물의 분실, 손상 또는 지연에 대하여는 킬로그램 당 17 SDR(약 20 유로, 20 US달러 상당액), 휴대 수하물은 332 SDR (약 400 유로, 400 US달러 상당액).
3. 운송인은 지연으로 인한 손해에 대하여 책임을 부담할 수도 있습니다.

항공 여행에 적용될 책임 한도에 관한 자세한 사항은 해당 운송인으로부터 제공 받으실 수 있습니다. 다수의 운송인들이 포함된 여정일 경우, 적용될 책임 한도에 대하여 각 운송인에게 문의하시기 바랍니다.

귀하의 여행에 어떠한 협약이 적용되든지, 여객은 탑승 수속 시 수하물의 가격을 신고하고 추가 요금을 지불함으로써 수하물의 분실, 손상 또는 지연에 대하여 높은 책임 한도액을 적용 받을 수 있습니다. 또한 대안으로써, 귀하의 수하물의 가치가 적용 가능한 책임 한도액을 초과하는 경우, 여행 전에 충분한 보험에 가입하시기 바랍니다.

제소 기간 : 손해 배상을 위한 소송은 항공기가 도착한 날 또는 도착되어야 할 날짜로부터 2년 내에 제기되어져야 합니다.

수하물 배상 청구 : 수하물 손상의 경우 운송인으로의 통보는 위탁 수하물을 수령한 날짜로부터 7일 이내에, 지연의 경우에는 여객이 수하물을 처분할 수 있게 된 날짜로부터 21일 이내에 서면으로 하셔야 합니다.

준용되는 계약 조건의 고지

1. 국제 여행, 국내 여행, 또는 국내 구간이 포함된 국제 여행에 있어서, 귀하의 운송 계약은 본 통지 또는 운송인의 통지, 확인증 그리고 운송인의 개별 계약 조건, 관련 규칙, 규정 및 해당 운임의 적용을 받게 됩니다.
2. 다수의 운송인을 포함하는 여정이라면, 각 운송인 별로 상이한 조건, 규정, 그리고 이에 상응하는 요금 규정이 적용될 수 있습니다.
3. 이 통지에 의하여, 각 운송인들의 계약 조건과 규정 및 적용 요금은 귀하와의 계약의 일부로서 전체 운송 계약에 포함됩니다.
4. 계약 조건은 다음 사항들을 포함할 수 있습니다. 그러나 아래 열거된 사항들에만 국한되는 것은 아닙니다.
   • 여객의 신체 상해나 사망 시 운송인의 책임 조건과 한계

여권이나 비자와 같은 모든 여행 구비 서류 없이는 여행을 하실 수 없습니다.

정부는 귀하의 운송인에게 여객 자료를 열람할 수 있는 권리가 있으며, 여객 정보 제공을 요청할 수도 있습니다.

탑승 거부 : 항공편이 초과 예약되어, 예약이 확약되었더라도 좌석 부족이 될 수도 있습니다. 이러한 경우, 여객이 강제로 탑승을 거부 당했을 시, 보상을 받을 수 있도록 되어있습니다. 법에 의해 필요 시, 운송인은 불특정 여객에 대한 탑승 거부 이전에 자발적인 탑승 포기 자를 찾아보아야 합니다. 탑승 거부에 대한 보상 제도 및 전체 규정과 탑승 우선권에 관한 정보를 운송인에게 확인하시기 바랍니다.

수하물 안내 : 특정 종류의 물품은 한도를 초과하여 신고할 수도 있습니다. 운송인은 파손, 훼손되기 쉽거나 값비싼 물품에 관하여는 특별 규정을 적용할 수 있습니다. 운송인에게 확인하시기 바랍니다.

위탁 수하물 : 운송인은 무료로 위탁 수하물을 허용하며, 허용 한도는 좌석 등급과 노선에 따라 다릅니다. 운송인은 허용 한도를 초과한 위탁 수하물에 대하여 추가 운임을 청구할 수 있습니다. 운송인에게 확인하시기 바랍니다.

기내 반입 휴대 수하물 : 운송인은 무료로 기내 반입 휴대 수하물을 허용하며, 한도는 좌석 등급과 노선, 항공기 종류에 따라 다릅니다. 기내 반입 휴대 수하물을 최소한으로 줄여주시기 바랍니다. 운송인에게 확인하시기 바랍니다. 귀하의 여정이 둘 이상의 운송인에 의하여 제공된다면, 각 운송인마다 다른 수하물 규정이 적용될 수도 있습니다. (위탁 수하물, 기내 반입 휴대 수하물)

미국 여행시 특별 수하물 책임 한도 : 미국 내 국내 지점간 여행일정 우, 미연방정부 규정상 운송인의 수하물 배상 책임 한도액은 최소한 여객 1인당 3,300 US달러 이거나 14CFR 254.5에 규정된 금액을 적용합니다.

탑승시간. 여정이나 영수증에 표기된 시간은 항공기의 출발 시간입니다. 항공기 출발 시간은, 여객이 체크인해야 하는 시간이거나 탑승할 수 있는 시간은 아닙니다. 여객이 늦을 경우 운송인은 여객의 탑승을 거부할 수도 있습니다. 귀하의 운송인이 안내한 체크인 시간은 여객이 여행을 위한 모든 탑승 수속을 완료 하기 위한 최소한의 시간입니다. 귀하의 운송인이 안내한 탑승 시간은 여객이 항공기에 탑승을 하기 위하여 탑승구에 도착해야 하는 시간입니다.

위험 물품(위해 물질). 안전상의 이유로, 위험 물품은 특별히 허가 받지 않은 이상 위탁 수하물 또는 기내 반입 수하물로 지참하실 수 없습니다. 위험 물품에는 압축 가스, 부식성 물질, 폭발물, 가연성 액체 및 고체, 방사성 물질, 산화 물질, 유독성 물질, 전염성 물질 및 경보 장치가 부착된 서류 가방 등이 있습니다. 보안상의 이유로, 다른 제한 사항이 적용될 수도 있습니다. 귀하의 운송인에게 문의하시기 바랍니다.

위험 물품
운송인의 확인 없이 아래 그림과 같은 품목들을 포장하거나 지참하여 탑승할 수 없습니다.

http://www.iatatravelcentre.com/tickets

귀하와 다른 여객들의 안전에 위해가 초래 되지 않도록 하여 주십시오 .

Study Check

1. 항공권 내의 NVB 정보는 마지막 여행 가능 날짜를 의미한다.

(a) True

(b) False

2. 항공 여정표에는 운송 시 필요한 계약 내용이 포함된다.

(a) True

(b) False

3. 항공권 Coupon Status는 항공권 사용 여부를 표기한다.

(a) True

(b) False

4. 아래 항공권 상태 코드 중 환불 요청된 항공권을 고르시오.

(a) O

(b) F

(c) R

(d) C

5. 다음 중 항공 여정표에 표함되지 않는 내용을 고르시오.

(a) 항공기 탑승 시 주의할 내용

(b) 항공권 발행 여행사

(c) 항공 운임 계산 방식

(d) 항공권 발행 직원의 여권 번호

Chapter 09

상위 운임
Upsell Fares

09
상위 운임
Upsell Fares

출발 전, 혹은 기내 서비스는 항공사 간 공통적으로 제공하는 서비스 규정, 즉 기내식, 기내 음료, 무료 수하물, 기내 엔터테인먼트 등의 표준화된 서비스 유형을 따른다. 그러므로, 항공사는 승객이 항공사를 선택하는데 있어서 기내 서비스 등에서 차별화 시키기가 쉽지 않다.

저비용 항공사의 성장으로 인해 대형 항공사는 항공 시장에서 치열한 경쟁을 하게 되었고, 대형 항공사는 항공 운임과는 별도로 부가 서비스 Ancillaries라고 불리우는 새로운 수익 창출 방법을 모색하게 되었다. 승객 또한 관심있는 서비스와 상품에만 비용을 지불하는 방식을 선호하게 되었다.

대부분의 상업용 항공사는 적절한 항공 운임을 제공하기 위해서 항공 운임의 구조와 서비스 제공 여부에 대하여 연구하며 수익을 창출하기 위해 최상의 가치있는 운임을 추구한다. 전통적인 항공 운임의 방식을 추구하던 항공사들도 패키지식의 항공 운임 구조에서 점차 저비용 항공사의 운임 구조를 추구하게 되며, 항공 운임과 부가 서비스 추가 요금을 통하여 운임 구조를 좀더 도전적으로 설정하게 되었다.

이 장에서는 승객이 항공권을 구매할 경우 제공되는 표준화된 항공 운임에 대하여 살펴보며, 승객의 여행 조건에 맞는 항공권 규정의 유연성과 제한 조건 등을 해석, 적용할 수 있는 방법에 대하여 습득하도록 하자. 또한, 상위 운임 Upsell Fare의 의미와 적용 방식, 표준 운임과 다른 점등을 이해하여 승객들에게 제공되는 운임을 얼마나 효과적으로 상품화 시켜 항공사 수익을 극대화 시킬 수 있는지 살펴보자.

개요

전형적인 항공 운임은 크게 2가지 운임 구조로 나누어 볼 수 있다.

첫 번째 운임 구조는 기내식이나 사전 좌석 지정, 기내 엔터테인먼트, 담요 등과 같은 기내 서비스들을 무료로 제공할 수 있는 운임 방식이다. 기내 서비스가 승객의 선호도에 따라 선택하거나 변경할 수 없는, 항공 운임에 속해 있어 추가 비용을 지불하지 않는 운임 방식이다. 이러한 운임 방식은 운임 규정과 제약 조건 등에 따라 운임 차이가 매우 다양하다. 가장 저렴한 운임의 경우 예약을 변경하거나 취소할 시에 추가 비용을 지불하여야 하거나 불가할 경우도 있다. 고가의 항공 운임일수록 일부 환불이나 전체 항공권을 환불하는 경우가 허용되며, 예약 변경 또한 특별한 추가 비용 없이 진행이 가능하다. 하지만, 이러한 모든 운임들이 여정 변경에 대한 제약 조건이 각각 다르다 할지라도 기내 안에서의 서비스들은 운임 수준에 상관없이 동일한 무료 서비스들을 제공하게 된다.

즉, 다른 승객보다 40%이상 저렴한 항공권을 구매한 승객이라도 수하물, 기내식, 좌석 및 제공 서비스등을 동등하게 제공받을 수 있게 되는 것이다.

두 번째 항공 운임의 구조는 무료 서비스가 처음부터 제공되지 않는 운임 방식이다. 이 운임을 구매하는 승객은 추가 비용을 지불함으로 인해 선호하는 서비스를 구매할 수 있으며, 항공사는 이러한 구매 가능한 기능을 Ancillaries라는 표현을 사용하여 부가 수익을 창출하게 된다.

1 온라인 운임 확인

온라인 상에서 항공 운임을 확인하기 위해서는 항공사 웹사이트의 가장 처음 페이지에서 항공 예약 진행이 가능한 Booking Mask를 통해 항공편을 요청하여야 한다.

항공편 조회시 다양한 항공편과 다양한 운임이 조회되며, 해당 운임을 선택할 경우 그 운임의 제약 조건과 제공 가능한 서비스등이 표기 된다.

항공 전문가, 즉 항공사 직원과 여행사 직원은 이러한 운임 조건과 규정에 대하여 정확하게 숙지하고 승객에게 전달하여 발생할 수 있는 적용 가능한 추가 비용 등에 대하여 구매전 사전 정보를 제공하여야 한다.

온라인 요금 확인 방식

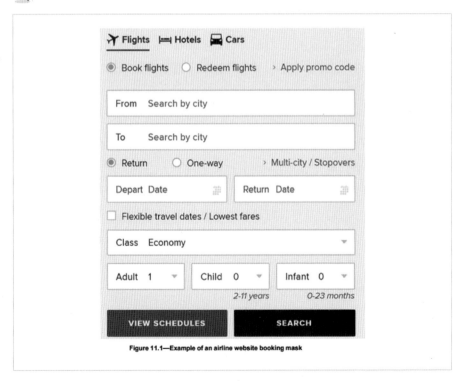

Figure 11.1—Example of an airline website booking mask

아래 그림은 온라인 상 항공 운임을 선택한 후 적용되는 규정에 대한 화면의 예시이다.

BER(Berlin)에서 BOM(Mumbai)를 가는 Economy Flex(일반석 운임 중 제약조건이 적은 운임)의 운임 규정이며, 항공편 구간마다 적용 규정이 명시되어 있다.

요금 조건을 살펴보면, 이 항공권의 구매 조건은 구매 후 환불 시 예약 부도(Noshow)를 내지 않는 한 환불을 모두 받을 수 있으나, 승객이 항공기 출발전 사전 예약 취소를 진행하지 않았을 경우에는 EUR125를 부과하게 된다.

Here's a summary of Fare Conditions

Read full fare conditions for no show

Fare conditions	BER-BOM Economy Flex	BOM-BER Economy Flex
Baggage	32 kg	32 kg
Advance seat selection	Free	Free
Reward point accrual	100%	100%
Upgrades on reward points	Yes	Yes
Cancellation	Free	Free
Reservation change	Free unlimited	Free unlimited
No show	EUR 125.00	EUR 125.00

> Read full fare conditions

Fare guaranteed only with immediate purchase

2 상위 운임의 정의

소비자들은 맞춤형 상품에 대한 선호도가 높으며, 항공 운임에 패키지화 되어 있지 않은 상품이나 서비스 등(수하물, 기내 와이파이, 기내식, 헤드셋등) 그들이 원하는 서비스에 대한 지불을 선호한다. 항공사는 승객이 그룹화된 서비스에서 스스로 선택할 수 있는 서 비스 상품을 승객의 취향에 맞게 그룹화하여 제공할 수 있으며, 이러한 항공 운임의 유형을 "Upsell Fare"라고 부른다. 물론, 항공사마다 이 운임의 표기 방식을 다양하게 표기하기도 하며, 운임의 수준에 따라 운임과 적용 서비스를 자체 목적에 맞게 상품화 하기도 한다. 항공사 별로 마일리지 적립이나, 공항 라운지등 차별화하는 상품을 그룹화하여 운임에 포함하기도 하며, 이러한 선택사항을 상품화 하는 방식은 항공사의 영업 정책에 따라 매우 다양하게 적용될 수 있다.

전형적인 항공 운임은 일반적으로 제공되는 탑승 클래스에 따라 비싼 탑승 클래스 일수록, 즉 비즈니스나 일등석 클래스 탑승이 더 많은 서비스를 제공받을 수 있도록 설계되어 있다. 반면에 상위 운임 제도 "Upsell Fare"는 승객으로 하여금 낮은 운임을 사용하여도 다양한 서비스를 자신의 필요에 맞게 선택할 수 있도록 추가 서비스를 다양하게 그룹화 시켜 제공한다. 다시 말해서, 가장 저렴한 운임을 구매하고자 하는 승객은 대부분의 프로모션 항공권의 조건이 예약 변경이나 환불 등에 대한 제약 조건이 있으나, 예약 변경에 대한 유연성이 필요한 승객의 경우 저렴한 항공권에 예약 변경에 대한 조건을 추가하여 승객의 요구 조건을 충족할 수 있게 된다.

일반석 운임의 등급별 규정의 예시

Economy Class Fare Level	Typical Fare Conditions	Typical Service Inclusions
Booking class with lowest price	No changes/No refunds	No Checked Bag No Meal & Beverages No Seat reservation No Mileage Accrual
	Changes chargeable/No refunds	1 Checked Bag Free Meal & Beverages Seat reservation 25% Mileage Accrual
	Changes & refunds chargeable	2 Checked Bags Premium Meal & Beverages Premium Seat reservation 100% Mileage Accrual
Booking class with higher price	No changes/No refunds	No Checked Bag No Meal & Beverages No Seat reservation No Mileage Accrual
	Changes chargeable/No refunds	1 Checked Bag Free Meal & Beverages Seat reservation 25% Mileage Accrual
	Changes & refunds chargeable	2 Checked Bags Premium Meal & Beverages Premium Seat reservation 100% Mileage Accrual
Booking class with highest price	No changes/No refunds	No Checked Bag No Meal & Beverages No Seat reservation No Mileage Accrual
	Changes chargeable/No refunds	1 Checked Bag Free Meal & Beverages Seat reservation 50% Mileage Accrual
	Changes & refunds chargeable	2 Checked Bags Premium Meal & Beverages Premium Seat reservation 100% Mileage Accrual

상위 운임의 등급 예시

Services included	Basic	Classic	Flex	Plus
Hand Baggage	✓ (1)	✓ (1)	✓ (2)	✓ (2)
Checked Bag	✗	✓ (1)	✓ (2)	✓ (2)
Meals & Beverages	✗	✓ (3)	✓	✓
Wifi	✗	✗	✗	✓
Lounge Access	✗	✗	✓	✓
Changes Permitted	✗	$ (4)	$ (4)	Free of Charge
Refunds Permitted	✗	✗	$ (4)	Free of Charge
Mileage Accrual	✓ 25%	✓ 50%	✓ 75%	✓ 100%

(1) Included/no charge
(2) Included/no charge
(3) No alcoholic beverages
(4) Chargeable fee

3 온라인 상의 상위 운임

다수의 항공사들은 이러한 "Upsell Fare"에 대한 다양한 상품을 제공하고 있다. 대부분의 유럽계 항공사들은 국내선, 국제선 모두 적용하고 있으며, 중장거리 항공편에도 적용하고 있는 추세이다.

온라인 상의 항공 운임 조회의 예시

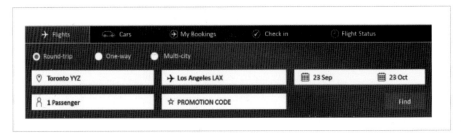

항공사는 운임 조회 시 적용 가능한 운임을 탑승 클래스 별로 먼저 표시 하게
된다.

아래 그림은 항공사 온라인 사이트내 항공권 구매 진행 방식을 보여주고 있다.
선호하는 여정을 선택하여 항공 운임을 조회 한 후 아래와 같이 일반석/프리미
엄일반석/비즈니스석 과 같이 3가지 전형적인 항공 운임으로 구분되어 지는 것이
보인다. 이 구간에는 일등석이 존재하지 않는 여정이므로 항공 운임은 항공기의 실
제 기종과 상황에 맞게 운임이 설정되어 있음을 알 수 있다. 조회되는 운임에서 실
제 일반석 운임을 선택하게 되면 일반석 내에도 4가지 등급별 운임이 제공되는 것
을 알 수 있다.

🔍 온라인 상의 탑승 클래스별 항공 운임의 예

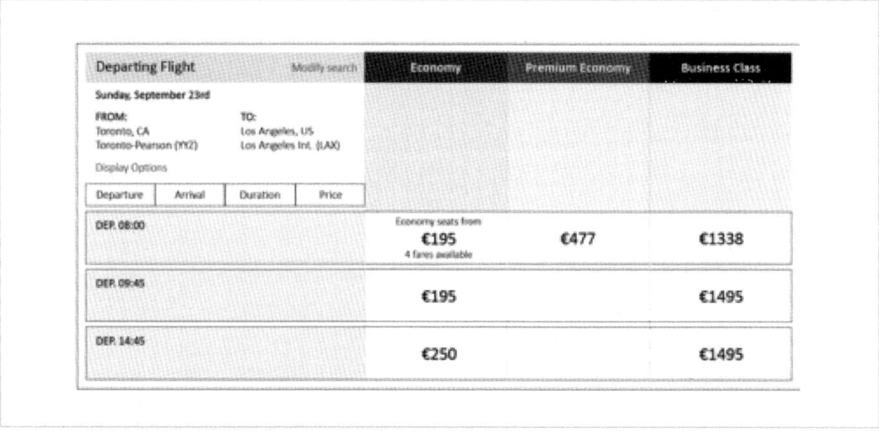

해당 운임을 클릭 할 경우 항공 운임에 포함된 다양한 서비스 내용을 확인할 수
있으며, 비즈니스 클래스 운임을 클릭할 경우 역시 비즈니스 클래스에서 제공하는
다양한 그룹화된 운임의 종류와 서비스도 확인할 수 있다.

온라인 상의 일반석 내 등급별 운임 표기의 예

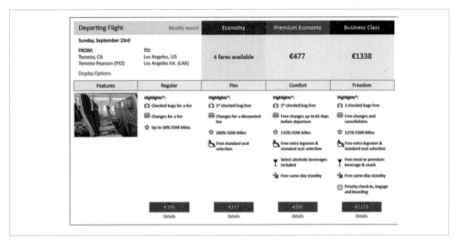

위 일반석 운임은 제공 서비스 별로 4가지 적용 가능한 운임이 있음을 표기하고 각 운임은 Regular, Flex, Comfort, Freedom과 같이 제공하는 서비스의 차별화를 통하여 금액을 차별화하여 제공하게 된다.

 온라인 상의 일반석 내 등급별 운임 표기의 예

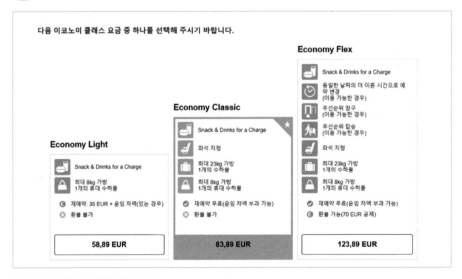

출처 : 루프트한자 독일 항공 웹사이트

아래 그림은 프리미엄이코노미 요금에 대한 설명이다. 2가지 운임이 제공됨을 표기하고, Lowest와 Flexible 2가지로 운임을 제시하고 있다.

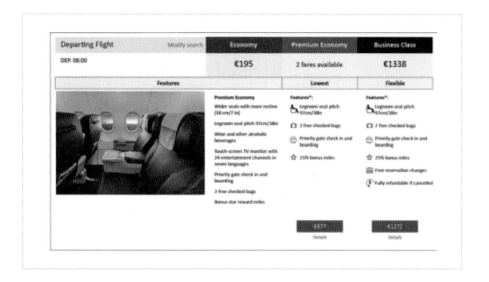

즉, "Upsell Fare"는 동일한 탑승 클래스에서 다양한 운임 수준을 제공함으로 인해 승객들에게 불필요한 서비스를 제외하고, 필요한 서비스를 선택할 수 있게 하는 선택권을 부여함으로서 항공사에서는 운임별 다양한 패키지 상품군을 구성하여 보다 유연한 항공 운임 구조를 제공하게 되었다.

4 항공 예약 시스템 GDS내의 상위 운임

예약 시스템 GDS를 통한 예약 방식과 항공권 발행 방식에 대해 살펴보도록 하자. 항공 매니저는 예약 시스템을 통하여 항공 스케줄, 예약, Upsell상품 등을 확인할 수 있다. Upsell 운임 표기 시 정상 운임, 혹은 특별 운임 구분 없이 표기가 되며, 항공 전문가는 모든 운임 유형을 GDS내에서 확인할 수 있다.

GDS의 그래픽 모드 화면 예시

 GDS의 지시어 모드 화면 예시

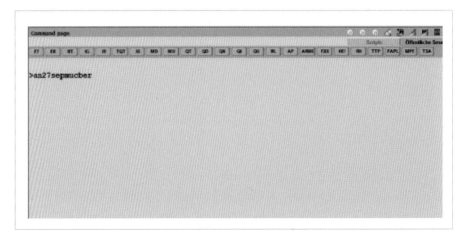

GDS의 사용 방식은 크게 그래픽 모드(Graphic Mode, 혹은 GUI mode)와 지시어 모드(Entry mode, 혹은 Cryptic mode)로 나뉜다.

① 그래픽 모드 : 윈도우 사용방식과 유사하게 정해진 화면 내에서 사용자가 빈 칸을 클릭하여 채워넣는 방식으로 승객의 이름이나 여정 등 모든 예약, 발권에 필요한 마스크 창이 설정되어 있다.

② 지시어 모드 : 예약, 발권에 필요한 지시어을 사용하여 진행하는 방식으로 그래픽 모드에 비해 지시어에 대한 숙련된 지식이 필요하기는 하나 항공 전문가들의 실제 업무 시 전문성과 빠른 업무 처리가 가능하므로 지시어 모드를 많이 사용한다.

GDS의 그래픽 모드 화면 예시-토파스셀커넥

GDS의 지시어 모드 화면 예시-토파스셀커텍

```
  Entry 화면 1
AN10SEPSELBKK
** AMADEUS AVAILABILITY - AN ** BKK BANGKOK.TH            16 FR 10SEP 0000
  1  XJ 703  CA SA XA              ICN 1 DMK 1  0105  0440  TO-330      5:35
  2  7C2201  YR BR KR NR QR MR TR  ICN 1 BKK    0630  1040  E0.738      6:10
          WR OR RR XR SR ZR LR HR JR UR
  3  TG 657  C9 D9 J9 ZL Y9 B9 M9 /ICN 1 BKK    1020  1410  E0/359      5:50
          H9 Q9 T5 KL
  4  XJ 701  CA SA XA              ICN 1 DMK 1  1115  1505  TO-330      5:50
  5  OZ 741  C9 D9 Z9 U8 P4 Y9 B9 /ICN 1 BKK    1930  2310  E0/333      5:40
          M9 H9 E9 Q9 KL SL VL WL TL LL GR
```

5 | 아마데우스 시스템 내의 상위 운임

GDS는 항공사가 설정한 항공 운임을 각 GDS의 형식에 따라 표기하게 된다. 표기 방식의 차이이기 때문에, 각 GDS마다 정보의 차이는 없으나 보여주는 형식과 조회 방식의 차이가 생기게 된다. GDS중 아마데우스 시스템 내의 상위 운임 표기에 대해 살펴보기로 하자.

상위 운임 표시 기능은 항공사가 제공하는 항공 운임을 시스템 내에서 보다 효과적이고 체계적으로 보여주는 자동 운임 기능이다. 시스템 내에서 항공 전문가는 특정 지시어를 통하여 예약된 여정에 부합하여 결합 가능한 모든 운임을 확인할 수 있게 된다.

📍 Amadeus 시스템 내의 자동 운임 표기의 예

```
 1  BA 631 H 05OCT 5 ATHLHR HK1          0800 1000    320 E 0 G
 2  BA 640 V 15OCT 1 LHRATH HK1          0855 1435    320 E 0 G

Then we enter the pricing entry FXY and receive the following first
response:

FXY
ENTER FXUn TO BOOK FARE (E.G. FXU2 TO BOOK FARE2) OR SEE HEFXY
==================== LOWEST ====================
FARE 1 - 391.69  EUR
    PTC ADT - P1
    FC1 : S1 - NOBAG
    FC2 : S2 - NOBAG
==================== UPSELLS ====================
FARE 2 - 415.69  EUR
    PTC ADT - P1
    FC1 : S1 - NOBAG
    FC2 : S2 - BAG
------------------------------------------------
FARE 3 - 415.69  EUR
    PTC ADT - P1
    FC1 : S1 - BAG
    FC2 : S2 - NOBAG
```

위 그림은 BA항공사(British Airways)의 ATH(Athens)-LHR(London)왕복 여정에 대한 자동 운임 화면이다. 여정에 맞추어 GDS는 적용 가능한 운임을 보여주며 제일 상단의 운임이 Lowest, 즉 가장 저렴한 운임이며 상위 운임으로 넘어가면서 부가 서비스를 추가할 수 있다.

FARE 2는 FARE 1의 NO BAG, 즉 수하물을 동반하지 않는 규정 대신에, ATH-LHR구간에 수하물을 추가하는 운임이다.

FARE 3는 FARE 2에 비해 ATH-LHR구간에는 수하물을 동반하지 않으나 LHR-ATH구간에 수하물을 동반할 경우의 운임이다. 즉, 승객이 왕복 여정에 수하물이 없을 경우는 가장 저렴한 운임인 FARE 1을 사용하고, 구간별로 수하물 동반이 필요할 경우 해당 구간의 수하물 동반 요금을 선택하여 자신의 여정 조건에 부합하게 사용하면 된다.

항공사는 자신의 항공 운임 정책에 따라 다양한 상위 운임을 가지고 있으며, 각각의 상위 운임은 선택된 항공편에 조회가 가능하게 된다.

아래 그림은 위 여정의 상위 운임의 조건에 대한 자세한 설명이다.

GDS-Amadeus는 상위 운임 적용시 제공되는 수하물과 운임별 조건을 아래와 같이 규정 짓고 있다.

```
*1: NOBAG - BA - ATHLON
    DESCRIPTION : BASIC
    WARNING : ALL SERVICES MAY NOT BE DELIVERED AS THE REQUESTED FARE
COMPONENT
            MAY INCLUDE A CODESHARE FLIGHT OR AN INTERLINE ITINERARY
  - INCLUDED
        0MO : CABIN BAG MAX 23KG 51LB 126LCM
        04J : LAPTOP OR HANDBAG UP TO 85LCM
  - AT CHARGE
        06I : CHANGE BEFORE DEPARTURE
        06J : CHANGE AFTER DEPARTURE
        050 : SEAT CHOICE
        0CC : 1ST BAG MAX 23KG 51LB 208LCM
        0CD : 2ND BAG MAX 23KG 51LB 208LCM
        0B3 : M AND S FOOD ON BOARD
        0CP : SAME DAY FLT CHNG P2P ONLY
  - NOT OFFERED
        06K : REFUND BEFORE DEPARTURE
        06L : REFUND AFTER DEPARTURE
        0BX : LOUNGE ACCESS
        0LW : PRIORITY SECURITY
        03P : DEDICATED CHECK IN ZONE
```

```
*2: BAG - BA - LONATH
  DESCRIPTION : PLUS
  WARNING : ALL SERVICES MAY NOT BE DELIVERED AS THE REQUESTED FARE
COMPONENT
                MAY INCLUDE A CODESHARE FLIGHT OR AN INTERLINE ITINERARY
  - INCLUDED
      0CC : 1ST BAG MAX 23KG 51LB 208LCM
      0MO : CABIN BAG MAX 23KG 51LB 126LCM
      04J : LAPTOP OR HANDBAG UP TO 85LCM
      0CP : SAME DAY FLT CHNG P2P ONLY
  - AT CHARGE
      06I : CHANGE BEFORE DEPARTURE
      06J : CHANGE AFTER DEPARTURE
      050 : SEAT CHOICE
      0CD : 2ND BAG MAX 23KG 51LB 208LCM
      0B3 : M AND S FOOD ON BOARD
  - NOT OFFERED
      06K : REFUND BEFORE DEPARTURE
      06L : REFUND AFTER DEPARTURE
      0BX : LOUNGE ACCESS
      0LW : PRIORITY SECURITY
      03P : DEDICATED CHECK IN ZONE
```

항공 예약을 통한 운임 조회를 다시 한번 살펴보도록 하자.

아래 여정은 BA항공사를 이용하여 LHR(London)-FRA(Frankfurt)를 왕복하는 여정이다. GDS를 통하여 자동 운임을 확인할 경우 예약된 여정에 맞추어 항공 운임이 조회되게 되고, 항공 전문가는 승객의 여행 조건에 따라 운임 설정을 하여 항공권 발권을 진행하면 된다.

◉ GDS내의 항공 예약의 예시

```
1.KIM/KYUNGHAE MS
2  BA 904 Q 10SEP 5 LHRFRA DK1  1055 1340  10SEP
   SEE RTSVC
3  BA 909 Q 15SEP 3 FRALHR DK1  1700 1745  15SEP
   SEE RTSVC
```

항공 예약에 따른 항공 운임 예시

```
================== LOWEST ====================
FARE 1 - 228800  KRW
    PTC ADT - P1
    FC1 : S2 - NOBAG
    FC2 : S3 - NOBAG
================== UPSELLS ====================
FARE 2 - 244800  KRW
    PTC ADT - P1
    FC1 : S2 - NOBAG
    FC2 : S3 - BAG
-----------------------------------------------
FARE 3 - 244800  KRW
    PTC ADT - P1
    FC1 : S2 - BAG
    FC2 : S3 - NOBAG
-----------------------------------------------
FARE 4 - 260900  KRW
    PTC ADT - P1
    FC1 : S2 - BAG
    FC2 : S3 - BAG
-----------------------------------------------
FARE 5 - 373200  KRW
    PTC ADT - P1
    FC1 : S2 - ECONSEL
    FC2 : S3 - ECONSEL
```

여정에 따른 항공 운임은 총 5가지 운임으로 조회되며, 승객의 여정 조건에 맞추어 운임을 선택하여야 한다.

각 운임의 조건을 GDS를 통하여 확인이 가능하며, 그중 마지막 운임에 대한 조건을 살펴보기로 하자. 아래 그림은 FARE 5를 선택한 승객이 무료, 혹은 유료로 제공 받을 수 있는 서비스에 대한 설명을 표기해 놓았다.

📍 상위 운임별 조건의 표기 예시

```
*1: ECONSEL - BA - LONFRA              *2: ECONSEL - BA - FRALON
    DESCRIPTION : PLUS SELECT              DESCRIPTION : PLUS SELECT
     - INCLUDED                             - INCLUDED
        06I : CHANGE BEFORE DEPARTURE          06I : CHANGE BEFORE DEPARTURE
        06J : CHANGE AFTER DEPARTURE           06J : CHANGE AFTER DEPARTURE
        0CC : 1ST BAG MAX 23KG 51LB 208LCM     0CC : 1ST BAG MAX 23KG 51LB 208LCM
        0MO : CABIN BAG MAX 23KG 51LB 126LCM   0MO : CABIN BAG MAX 23KG 51LB 126LCM
        04J : LAPTOP OR HANDBAG UP TO 85LCM    04J : LAPTOP OR HANDBAG UP TO 85LCM
        0CP : SAME DAY FLT CHNG P2P ONLY       0CP : SAME DAY FLT CHNG P2P ONLY
     - AT CHARGE                            - AT CHARGE
        06K : REFUND BEFORE DEPARTURE          06K : REFUND BEFORE DEPARTURE
        050 : SEAT CHOICE                      050 : SEAT CHOICE
        0CD : 2ND BAG MAX 23KG 51LB 208LCM     0CD : 2ND BAG MAX 23KG 51LB 208LCM
        0B3 : M AND S FOOD ON BOARD            0B3 : M AND S FOOD ON BOARD
     - NOT OFFERED                          - NOT OFFERED
        06L : REFUND AFTER DEPARTURE           06L : REFUND AFTER DEPARTURE
        0BX : LOUNGE ACCESS                    0BX : LOUNGE ACCESS
        0LW : PRIORITY SECURITY                0LW : PRIORITY SECURITY
        03P : DEDICATED CHECK IN ZONE          03P : DEDICATED CHECK IN ZONE
```

운임의 규정에 따르면 무료로 제공되는 서비스에 무료 수하물 허용량과 기내 수하물 허용량이 표기 되어 있으며, 비용을 추가로 지불할 경우 추가 수하물과 기내식등이 추가 가능함을 알 수 있다. 또한, 비용을 추가하더라도 출발 후 환불이나 라운지 사용등은 불가 함을 알 수 있다.

GDS내의 모든 조건은 승객이 온라인 상으로 항공권을 구매할 경우 동일하게 표기된다. 아래 그림은 승객이 영국항공 웹사이트에서 항공권을 구매할 경우 조회되는 화면이며 운임의 종류와 상위 운임의 종류, 제공 서비스등을 자세하게 표기하고 있다.

승객은 이러한 정보를 확인하고 자신의 상황에 맞는 항공권을 선택하게 된다.

🔍 영국항공 웹사이트 내의 일반석 운임 종류

HEATHROW LONDON (LHR) 출발

08:00 LHR —— 10:45 FRA   ✕

British Airways ✈
직항 1h 45m
항공편 상세정보

Economy Basic £50	Economy Plus £60	Business £123
🪑 좌석을 배정받거나 결제 시 언제든 선택 가능	🪑 출발 48시간 전부터 좌석 무료 선택	🪑 창가 또는 통로 좌석 지정
💼 기내 수하물 전용	💼 위탁 수하물 허용 범위: 23kg 이하 1개(51lb 이하 1개)	💼 위탁 수하물 허용 범위: 32kg 이하 2개(70lb 이하 2개)
✔ 편안한 가죽 시트	✔ 편안한 가죽 시트	🛂 전용 탑승수속장
		🪑 창가측 혹은 통로측 보장의 편안한 가죽 시트
선택하기	선택하기	선택하기

🔍 영국항공 웹사이트 내의 일반석 서비스 종류

속성	ECONOMY BASIC	ECONOMY PLUS
🧳 기내 수하물 2개	✔	✔
💼 위탁 수하물 1개*	유료	✔
🪑 â"□å"□ â"□å"□**	유료	\<br /\>출발 48시간 전부터 무료
✈ 여행 당일 항공편 변경	수수료 + 요금 차액 발생	\<br /\>출발 1시간 전까지 무료
🕐 항공편 불시 변경	수수료 + 요금 차액 발생	수수료 + 요금 차액 발생
출국 항공편 London → Frankfurt	◉ 선택됨	◯ +£10pp
왕복 Frankfurt → London	◉ 선택됨	◯ +£10pp

Study Check

1. 항공사는 비즈니스 승객에게 무료 수하물 서비스를 제공하지 않을 수 있다.

    (a) True

    (b) False

2. 상위 운임 규정은 모든 항공사가 동일하게 적용한다.

    (a) True

    (b) False

3. 전형적인 항공 운임은 운임 구매 시 기내식과 무료 수하물이 포함되어 있다.

    (a) True

    (b) False

4. 웹사이트내에서 항공사의 상위 운임은 어떻게 구별되는가?

    (a) 모든 항공사는 상위 운임의 별도 사이트를 운영한다.

    (b) 웹사이트 내에 상위 운임 표기가 되어 있다.

    (c) 동일한 탑승 클래스 내에 제공되는 서비스의 차이에 따라 운임이 다양하게 제공된다.

    (d) 상위 운임 선택을 위해 여행사 사이트로 연동된다.

5. 일반석 요금의 경우 몇 개의 상위 요금이 존재하는가?

    (a) 항공사마다 다르다.

    (b) 3

    (c) 4

    (d) 5

Chapter 10

신용 카드
Credit Cards

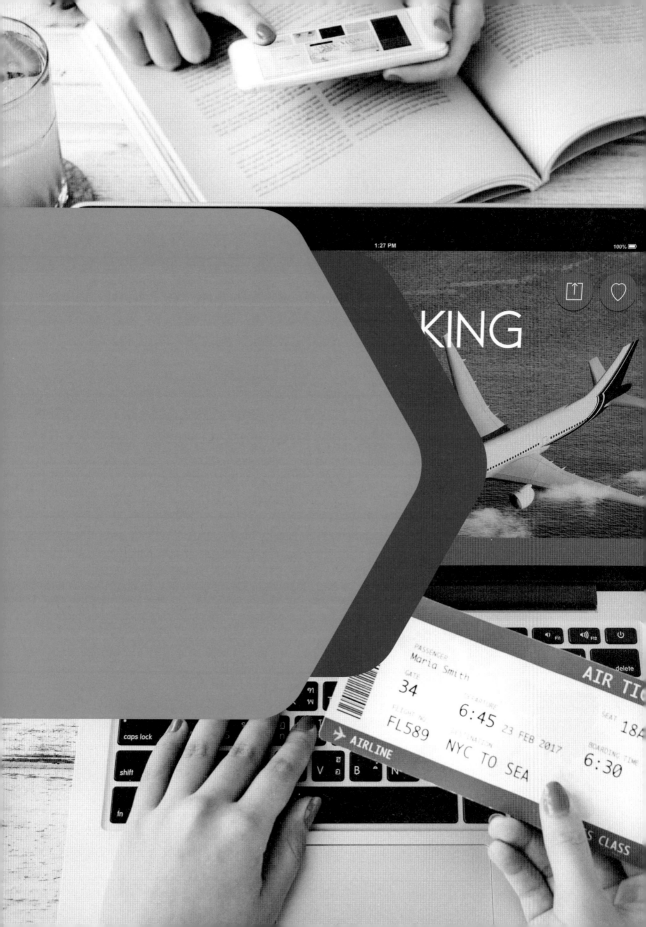

10
신용 카드
Credit Cards

개요

　항공사와 여행사를 통하여 승객은 개인 신용 카드를 사용하여 항공권이나 관련 다른 서비스를 구매할 수 있다. 신용 카드를 통한 지불 방식은 널리 알려진 일반적인 지불 방식이긴 하지만, 판매자의 입장에서는 고객의 신용 카드 지불 방식은 지불 거절이나 카드 오남용 등의 위험이 따를 수 있다. 신용 카드를 통한 지불 방식에서 발생할 수 있는 위험은 판매하는 시점에서 철저하게 관리되어야 하고, 이러한 관리 방식들은 여행사에게 다시 비용 청구가 발생할 수 있는 위험을 축소시켜 주는 기회가 될 수 있다.

　대부분의 경우 항공권을 판매하는 여행사는 승객의 개인 카드를 항공권 지불 방식으로 제출하며, GDS시스템은 여행사가 승객으로부터 제공받은 신용 카드를 여행사가 아닌 항공사의 사업자 명으로 승인 절차를 진행하게 된다. 다시 말해서,

승객은 항공사로 개인의 신용카드를 직접 지불하게 되며, 만약 승객이 지불을 거절하게 될 경우 여행사는 승객이 지불해야 할 금액 모두를 책임지는 상황이 된다.

일반적으로, 여행사는 고객으로부터 전화를 통한 정보 제공, 혹은 인터넷을 통한 승인 등의 신용 카드로 인해 발생될 수 있는 위험을 어쩔 수 없이 감수하게 된다.

여행사가 IATA 승인 여행사일 경우, 여러 다양한 위험성 있는 상황에서 "Travel Agent Handbook"(여행사 안내서, TAH)에 나와 있는 규정과 절차를 적용하여 진행하고, TAH의 Resolution890에 나와있는 신용카드 판매 규정 "Card Sales Rules"를 적용하여 업무를 진행하면 위험성을 최소화 할 수 있다.

1 | Collect 모델과 Pass-through 모델

신용 카드 지불 방식은 온라인에서나 판매 현장에서나 여행 업계 내 에서는 매우 일반적인 지불 방식이다. 여행사는 중개인의 역할을 하게 되며 항공사의 상품, 즉 항공 좌석, 호텔 등을 승객에게 대리 판매하는 역할을 하게 된다.

여행사가 신용 카드를 통한 판매 대리 역할을 하게 되는 방법에는 2가지 적용 모델이 있다.

Collect Model

콜렉트 모델이란 여행업계에서는 매우 일반적인 판매 형태로 여행사가 신용 카드를 승객으로부터 제공받아 상품 공급자, 즉 항공사에게 차후에 판매 대금을 송금하는 형태이다. 승객은 항공권 금액을 판매 여행사에게 신용카드를 통해 지불하고, 여행사가 이를 다시 송금하는 형태이다. 그러므로, 이 모델을 수행하는 여행사는 은행등에 의해 신용카드 발권이 반드시 승인된 여행사 이어야 하며 항공사로부터 대리 판매 승인을 받아 업무 진행을 할 수 있게 시설을 갖추어야 한다. 은행, 혹은 보험회사는 신용카드 정보를 전송하는 역할을 하게 되며, 여행사는 모든 신용카드 판매분에 대하여 은행에게 판매 수수료를 지불한다.

이 모델에서 여행사는 승객이 청구된 금액의 지불을 거절할 수 있다는 것이다.

승객의 지불 거절은 아래와 같은 사유로 발생될 수 있다.
• 항공권 및 관련 상품의 사기 구매
• 승인되지 않는 방식의 신용카드 사용 : 제3자에 의한 사용 등
• 도난된 신용카드 사용

 Pass through Model

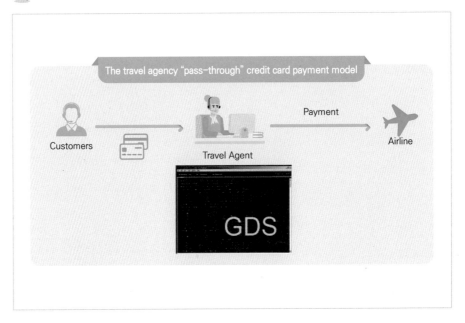

패스쓰루 모델은 승객의 신용카드를 통한 항공권 구매를 좀더 간단하게 하는 방식이다. 한국에서는 콜렉트 모델보다는 패스쓰루 모델을 일반적으로 사용하고 있으며, 승객의 신용카드 정보를 여행사가 GDS시스템을 통하여 발권 항공사에 전달하는 방식이다.

이 경우 여행사는 승객의 카드정보를 시스템에 입력하기만 하면 되며, 비용이나 요금등 금전적인 거래가 발생하지 않는다.

항공사는 신용카드회사나 은행에서 항공운임을 송금 받으며, 여행사는 발권 대행을 하는 과정에서 지불에 대한 책임을 지게 된다. 승객이 지불 거절을 하게 될 경우, 혹은 신용카드가 위조되거나 잘못 사용되어 항공사가 카드사로부터 대금을 송금 받지 못하게 될 경우 항공사는 여행사에게 해당 금액에 대한 청구를 진행하게 된다.

결론적으로, 항공사가 최종 판매자이지만, 여행사는 중개역할을 하면서 신용카드사용 시 발생할 수 있는 위험을 최소화하도록 주의해야 한다.

2 신용카드 지불 방식의 정의

항공권 구매 시 신용카드 지불 방식이란 어떠한 방식인가?

각 고유의 번호를 지닌 실물 플라스틱 재질의 카드는 신용카드 소유자의 항공권 구입 및 관련 여행 서비스를 구매 할 수 있게 한다.

신용카드를 통한 항공권 및 관련 서비스 구매와 지불 과정에 대해 살펴보기로 하자.

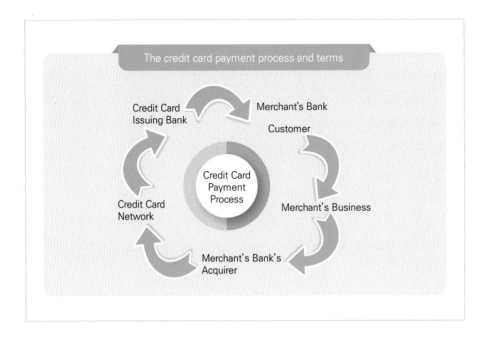

소비자는 제품 구매를 위하여 신용카드를 여행사 혹은 항공사에 제공하고, 판매자, 즉 여행사 혹은 항공사는 지불금액에 대한 승인을 위하여 신용카드의 세부 정보를 은행에 전달하게 된다. 은행은 이를 통하여 신용카드의 유효성과 승인 여부를 검토하여 지불 금액에 대해 승인 진행을 하게 되며, 청구 금액은 신용카드 소지자에게 청구되어 지불 시스템을 통하여 최종적으로 항공사에게 송금되게 된다.

일반적인 신용카드 지불 시스템은 아래와 같은 4가지 구성원을 통하여 이루어진다.

- Acquirer(은행, 거래정보를 전송받는 기관)
- Cardholder(소비자, 신용카드 소지자)
- Merchant(판매자, 여행사 혹은 항공사)
- Issuer(신용카드를 발행하는 은행 혹은 금융사)

⊘ Acquirer

여행사 혹은 항공사의 지불, 정산의 중요한 역할을 수행하는 은행을 의미하며 아래와 같은 절차로 이루어진다.

- 신용카드 정보를 수집하는 카드리더기등의 기계를 설치한다.
- 고유 ID번호를 지정하여 판매자가 신용카드 지불을 가능하도록 승인한다.
- 신용카드사에 판매를 위한 승인 요청을 제시한다.
- 승인 여부를 전달한다.
- 판매자의 계좌에 입금을 진행하는 등의 신용카드 정산을 완료 한다.

✅ Cardholder

플라스틱 카드에 표기된 이름으로, 구매 시 신용카드를 사용하여 구매할 수 있는 유일한 사람이다. 신용카드 사용은 신용카드에 표기된 이름의 소유자만이 사용이 가능하며, 이외의 사람이 사용하였을 경우 지불 거절이 발생할 수 있다.

✅ Merchant

판매자, 항공상품이나 서비스를 판매하는 항공사 혹은 여행사를 의미한다.

- 신용카드 사용을 허용한다.
- 은행에게 승인 요청을 한다.
- 은행으로부터 대금 정산을 받는다.

✅ Issuer

신용카드 회사

- 신용카드를 고객에게 발행하는 주체
- 카드 사용자와의 계약을 통한 카드 사용 기간 유지
- 카드 사용 승인, 혹은 지불 거절한다.
- 카드사용자 계좌에 금액을 청구한다.

신용카드 회사는 카드지불 승인 시 아래와 같은 2가지 점을 확인하여야 한다.

- 신용카드가 분실, 혹은 도난카드인가?
- 신용카드 사용 한도가 지불 금액을 초과하는가?

3 신용 카드 종류

각 신용카드는 2개의 알파벳으로 시작하는 고유 번호를 표기하며, 이는 신용카드 회사의 브랜드를 대표한다.

- American Express : AX
- China UnionPay : UP
- Diners Club : DC
- Discover Card : DS
- Japan Credit Bureau : JC
- MasterCard : CA
- Visa International : VI

4 신용카드 지불 과정

신용 카드 지불 시 제일 처음으로 진행 해야하는 절차는 신용카드 정보를 은행으로 보내는 작업이다. 그럼 여행사와 항공사는 이러한 절차를 어떻게 진행하고 있을까?

승인을 위해 신용카드 정보를 전달하는 방식에는 일반적으로 아래와 같이 2가지 방법에 따라 진행할 수 있다.

- Point of Sale Terminal(POS)
- Card Reader

Point of Sale Terminal(POS)

POS터미널은 판매 거래를 수행하고, 신용카드 회사와의 정보 교환을 진행한다. 항공 예약 시스템(GDS)는 여행 상품과 서비스를 구매하기 위한 POS 터미널이라고 볼 수 있다.

여행사는 항공권 발권을 진행하기 위해 예약번호(PNR)내에 Form of Payment(FOP)란에 신용카드 정보를 수동으로 입력하며, 입력시 카드사를 표기하는 2자리 알파벳과 카드 유효기간 및 3자리 CVC코드(Card Validation Code)를 입력한다. 금액에 대한 승인은 GDS내에서 전산상으로 이루어지게 된다.

아래 그림은 GDS내의 항공권 발권 내역 중 FOP즉 지불 방식이 Visa카드로 되어 있음을 보여주는 예이다.

```
INV:437104                          CUST :                                    PNR:BYXUEL
TKT:0161090455335                   ISSUED:24AUG          PCC:Y2VS            IATA:987654321
NAME:OGILVY/BERNARD  MR                                   FF:03027603850
NAME    REF :

FOP: *VI4472235135221*12/22

CPN    A/L    FLT    CLS    DATE    BRDOFF  TIME   ST     F/B    STAT
1      UA     150    B      12SEP   SFOORD  1645   OK     BA7    OPEN
2      UA     143    B      15SEP   ORDSFO  1330   OK     BA7    OPEN
NONREF/CHG SUBJ TO USD 100/FEE PLUS FARE DIFF/VLD UA ONLYNON REF
FARE USD1127.46 TAX 84.54 US TAX 9.00 XF TAX 12.00 XT
       TOTAL USD1233.00
```

```
RP/SELK1394Z/SELK1394Z              AA/SU   31AUG21/0504Z      50CPCT
7851-7315
  1.KIM/KYUNGHAE MS
  2   KE 651 K 09SEP 4 ICNBKK HK1   1805 2145   09SEP   E   KE/50CPCT
  3   KE 652 Y 15SEP 3 BKKICN HK1   2330 0655   16SEP   E   KE/50CPCT
  4 AP 0
  5 TK OK31AUG/SELK1394Z
  6 OPW SELK1394Z-02SEP:1900/1C7/KE REQUIRES TICKET ON OR BEFORE
         03SEP:1900 ICN TIME ZONE/TKT/S2-3
  7 OPC SELK1394Z-03SEP:1900/1C8/KE CANCELLATION DUE TO NO
         TICKET ICN TIME ZONE/TKT/S2-3
  8 FE PAX NONENDS. RISS CHRG APPLY. RFND PNTY APPLY. NO MILE
         UG./S2-3
  9 FP CCVI4012122222222226/1221*E00
```

GDS내 예약 진행 시 카드 정보 입력

해당 카드번호와 유효기간, 할부개월 수를 입력한다.

GDS내 예약 완료 후 화면 표기 예시

개인정보 보호를 위해 입력된 카드 번호는 데이터에 저장되고, 화면 표기 상 xxxx를 이용하여 대체 표기된다.

```
RP/SELK1394Z  SELK1394Z              AA/SU   31AUG21/0508Z   5OCPCT
7851-7315
  1.KIM/KYUNGHAE MS
  2   KE 651 K 09SEP 4 ICNBKK HK1  1805 2145  09SEP  E  KE/5OCPCT
  3   KE 652 Y 15SEP 3 BKKICN HK1  2330 0655  16SEP  E  KE/5OCPCT
  4  AP 0
  5  TK OK31AUG/SELK1394Z
  6  OPW SELK1394Z-02SEP:1900/1C7/KE REQUIRES TICKET ON OR BEFORE
          03SEP:1900 ICN TIME ZONE/TKT/S2-3
  7  OPC SELK1394Z-03SEP:1900/1C8/KE CANCELLATION DUE TO NO
          TICKET ICN TIME ZONE/TKT/S2-3
  8  FE PAX NONENDS. RISS CHRG APPLY. RFND PNTY APPLY. NO MILE
          UG./S2-3
  9  FP CCVIXXXXXXXXXXXX2226/1221*E00
```

```
 --- TST RLR ---
RP/SELK1394Z/SELK1394Z              AA/SU   31AUG21/0517Z   5OCPCT
7851-7315
  1.KIM/KYUNGHAE MS
  2   KE 651 K 09SEP 4 ICNBKK HK1  1805 2145  09SEP  E  KE/5OCPCT
  3   KE 652 Y 15SEP 3 BKKICN HK1  2330 0655  16SEP  E  KE/5OCPCT
  4  AP 0
  5  TK OK31AUG/SELK1394Z//ETKE
  6  FA PAX 180-3331200292/ETKE/KRW1058900/31AUG21/SELK1394Z/0003
         9911/S2-3
  7  FB PAX 0000000000 TTP/ET OK ETICKET/S2-3
  8  FE PAX NONENDS. RISS CHRG APPLY. RFND PNTY APPLY. NO MILE
         UG./S2-3
  9  FM *M*0
 10  FP PAX CCVIXXXXXXXXXXXX2226/1221*E00/A90129695/S2-3
```
신용카드 번호/유효기간*할부기간/승인번호

✅ GDS내 발권 후 화면 표기 예시

신용카드정보와 할부 개월 수를 표기한 후 발권을 진행하면 POS를 이용하여 전산상으로 신용카드 승인이 진행되며, 항공권 정보에 저장 되게 된다.

이러한 모든 데이터는 IATA BSP 데이터에 기록되어 여행사, 항공사, 신용카드사 간의 카드 정보 및 송금액 관련 정보 전달을 용이하게 한다.

⊘ 항공권 내 카드번호 표기의 예

승객이 소지하는 항공권에는 카드번호와 유효기간의 일부만이 표기된다.

```
TKT-1803331200292        RCI-                    1A LOC-5OCPCT
 OD-SELSEL  SI-      FCPI-0   POI-SEL  DOI-31AUG21  IOI-00039911
    1.KIM/KYUNGHAE MS              ADT     ST  N
 1 O ICNBKK      KE   651 K 09SEP 1805 OK O    KLEVZRKS
                                                     09MAR 1PC

 2 O BKKICN      KE   652 Y 15SEP 2330 OK O    YRT
                                                     09MAR 1PC

 FARE   F KRW      958800
 TOTALTAX KRW      100100
 TOTAL    KRW     1058900
 /FC SEL KE BKK237.44KE SEL605.74NUC843.18END ROE1137.119056
 FE NONENDS. RISS CHRG APPLY. RFND PNTY APPLY. NO MILE UG.
 FP CCVIXXXXXXXXXXXX2226/1221
```

⊘ GDS토파스 셀커넥트 내의 전자항공권 여정표 예시

Card Reader

Card Reader방식은 승객의 신용카드를 카드리더기에 삽입하여 필요한 신용카드 정보를 카드 뒷면의 마그네틱선을 통하여 전달받아 승인을 진행하는 방식이다. 승인은 몇초안에 카드리더기의 화면에 보여지며, 승인 혹은 거절등으로 표기된다. 승인시 승인번호와 같이 표기 되며, 거절시 거절 사유 번호가 표기되는 경우도 있다. GDS를 이용하여 발권을 진행할 때 카드리더기의 승인 번호와 카드 정보를 수동으로 입력할 수 있다.

5 항공사 신용 카드 판매 절차

항공 운임 혹은 항공사가 제공하는 서비스에 대한 신용 카드 지불 방식의 허용은 항공권 발행 항공사와 신용 카드사 간의 계약에 의해 지배된다. 항공사는 승객이 신용 카드를 이용하여 지불할 경우 판매의 주체가 되지만, 승객이 여행사를 통하여 신용 카드 지불을 할 경우 카드 승인에 대한 책임은 여행사의 몫이 된다.

항공사 상품과 서비스를 판매하는 여행사는 발권 항공사가 신용 카드를 지불 방식으로 인정하는 한 신용 카드를 허용하게 된다.

여행사가 신용 카드를 통한 승인을 진행할 때 다음과 같은 절차를 따르게 된다.

① 구매하는 국가에서 허용되는 신용 카드인가?

일부 국가에서는 환율 혹은 통화에 대한 제한으로 인해 신용 카드 지불을 허용하지 않는 경우도 있다.

191

2 항공권 발행 주체가 되는 항공사가 신용 카드를 허용하는가?

신용 카드를 받기 전에 각 항공사가 제공하는 조건들을 확인하여야 한다. 대부분의 GDS시스템은 항공사가 각각 다른 신용카드 종류를 구분하여 승인하기 위해 신용카드 승인 차트를 저장하여 항공사가 사용하는 카드를 확인할 수 있게 하였다. 아래 그림은 GDS내의 신용 카드 승인 차트의 예이다.

```
Airline acceptance table
Airline:
XX
AX-PC  BC-PC*  BZ-RJ  CA-PC  CB-RJ  CN-PC*  DC-PC
DS-RJ*  EB-PC*  EC-PC  EP-PC  HD-PC*  JC-PC  LC-PC*
NH-PC*  SH-PC*  SW-PC*  TP-PC  VI-PC  XS-RJ
```

위의 차트에서 XX 항공사가 신용 카드 지불을 승인하는데 있어서의 규정을 확인할 수 있다.

- AX(American Express)-PC(AX 카드 사용 허용)
- CB(Carte Bancaire)-RJ(CB 카드 사용 불가)
- HD(Home Depot)-PC*(HD 카드 허용, 단 발권 항공사의 조건 확인 요망)

3 신용 카드가 훼손되거나 위조되었는가?

신용 카드 지불 시 고객이 제시하는 신용 카드가 물리적으로 변경되어 있는지 조사해야 한다. 마그네틱선과 카드칩이 손상되거나 하였을 경우 여행사는 신용 카드 지불을 거절할 수 있다.

만약, 여행사를 통하여 신용 카드 승인이 완료된 항공권이 입금 취소나 지불 거절이 될 경우 항공사는 만약, 발권 여행사가 항공사가 제시하는 규정을 따르지 않고 항공권 발행이 진행되었다면, 청구되지 못한 항공권 금액을 여행사로 청구하게 된다.

6 신용 카드 위조 방지

구매 시 도난 카드나, 분실 신고된 신용 카드의 사용은 형사상 처벌이 가능한 범죄이다. 연간 신용 카드 범죄가 증가하고 있으며 여행사는 신용 카드 구매가 이루어 질 경우 위변조된 신용 카드에 대한 책임을 지게 되어, 카드 소지자의 지불 거절이 발생할 경우 여행사가 변제하는 경우가 생기게 된다.

신용 카드 불법 사용의 대표적인 신호

여행사는 신용 카드 지불을 통한 항공권 구매 소비자를 모두 신용 카드 오남용의 가능성이 있다고 의심할 수 있다. 또한, 처음 구매를 시작하는 고객이거나, 혹은 예약없이 항공권 구매를 진행하는 고객에 대해 좀더 주의를 기울여야 하며, 신용 카드 범죄는 한번만 구매하는 고객에게 더 높은 위험도를 부여한다.

아래 상황의 경우 신용 카드 사용을 위하여 항공사와 여행사는 추가적인 확인을 해 보아야 한다.

- 유선상, 혹은 이메일을 통하여 신용 카드 정보를 보내거나 security code를 확인하지 못하는 경우
- 신용 카드 사본을 제시하고 구매하고자 하는 경우
- 고객이 지불 시 항공권 금액에 관심이 없어 보일 경우
- 고객의 여정이 편도 예약으로 구성될 경우

🔍 신용 카드 사기 방지

위변조된 신용 카드를 사용하여 항공사와 여행사에 금전적 손해를 끼치는 과정을 방지하는 몇가지 방법이 있다.

만약 고객이 도난 카드나 위조된 카드를 사용한다고 의심된다면,

- 2차적으로 신분 확인을 위하여 운전면허증, 혹은 여권을 요구한다. 신분확인이 되었을 경우 신분증의 위변조를 의심해 본다. 분실 카드를 사용하는 고객은 분실 신고된 신분증을 소지하고 있을 경우가 많다.
- 신용 카드 서명을 확인한다. 신용 카드 서명과 실제 서명을 비교하고 신분증 이름과 서명된 이름을 확인한다. 또한, 필체의 동일함을 비교한다.
- 신용 카드 서명이 새롭게 되었거나, 얼룩이 있는 경우 서명란이 변조되며, 분실 신고된 카드일 확률이 높다.
- 유선상으로 신용 카드 번호를 제시할 경우는 허용하지 않는다.
- 고객에게 전화를 걸어 구매 확정을 진행한다.

신용 카드 회사에서 신용 카드 구매 승인을 거절 하였을 경우 도난 혹은 위변조 카드이거나 사용 한도가 초과될 경우가 많다.

Study Check

1. 항공권 내의 신용카드 번호는 16자리 모두 표기된다.

   (a) True   (b) False

2. 모든 항공사는 신용카드를 사용한 발권이 가능하다.

   (a) True   (b) False

3. 아래 신용카드의 2자리 코드를 각각 표기하시오.

   (a) Visa International :
   (b) Master Card :
   (c) American Express :
   (d) Diners Card :

4. 다음 중 항공권 발권 시 신용카드 지불을 위해 항공 전문가가 주의해야 할 점이 아닌 것을 고르시오.

   (a) 신용카드 사본을 제출하여 발권을 요구할 경우
   (b) 유선상 신용카드 정보를 제공하여 발권을 진행할때
   (c) 신분확인을 위해 여권을 제시할때
   (d) 신용카드 소지자와 사용자가 다를 경우

5. 다음 중 옳은 내용을 고르시오.

   (a) 신용카드는 유효기간을 설정하지 않는다
   (b) 신용카드는 사용한도를 설정하지 않는다
   (c) 신용카드는 모든 국가에서 사용 가능하다
   (d) 신용카드는 항공권 구매 시 사용될 수 있다

Chapter 11

유아·소아 운임

11

유아·소아 운임

 개요

항공 운임은 승객의 타입에 따라 할인율을 각각 다르게 부여한다. 일반적으로
승객이라고 부르는 Passenger의 정의는 출발일 기준 만 12세 생일이 지난 성인을
의미한다. 그러나 승객의 구분은 성인 이외에도 유아와 소아를 구분하며, 이는 성
인의 항공 운임에 각각 다른 할인율을 적용함으로 인해 유아 운임과 소아 운임으
로 나뉘게 된다.

적용되는 할인율은 항공사와 적용 가능한 국가에 따라 다양하며, 각 항공사의
규정이 적용되는 조건을 판독하는 것이 가장 중요하다.

1 | 성인을 동반한 유·소아 승객(Accompanied Minor)

⊘ Accompanied Minor란 성인 운임을 지불하는 승객과 동반한 소아, 유아를 말하며, 성인
운임을 지불하는 승객은 여행 시작 시점에 12살 이상이어야 하며, 반드시 같이 여행하여
야 한다.

- 소아(Child)란 여행 시작 시점(출발일)에 2살 이상 12세 미만의 승객을 의미한다.
- 유아(Infant)란 여행 시작 시점(출발일)에 2살 미만의 승객을 의미하며 항공사마
  다 규정이 상이하나 일반적으로 출생 후 7일 이후부터 탑승을 허용한다.

⊘ 좌석을 점유하지 않는 유아의 경우 안전상의 이유로 성인 1인당 유아 한 명의 동반이 허용
되며, 좌석을 점유하고자 하는 유아의 경우 소아 운임을 적용한다.

1 유아 예약 및 발권 코드 표기. NS

유아의 예약은 성인의 예약에 할인 코드를 적용하여 승객의 타입을 구분하게
된다. 적용된 할인 코드를 통해 항공 전문가는 승객의 타입이 성인인지, 유아, 혹
은 소아인지 구분하며 이에 따른 서비스 및 항공권 발권을 진행하게 된다. 항공 운
임은 할인 코드를 적용함으로 인하여 성인 운임에서 할인된 금액으로 적용되게
된다.

아래 그림을 통하여 먼저 유아 승객의 적용 코드와 항공권 식별 방식에 대하여
살펴보기로 하자.

예약 사항 내에는 성인 승객과 좌석을 차지하지 않는 좌석 비점유 유아 승객이
예약 되어 있으며, 승객은 2명이나 총 예약 좌석은 1석으로 예약이 되어 있음을 알
수 있다.

유아 승객의 이름 앞에는 INF의 표기를 통하여 INFANT승객임을 표기하게 되
고, 승객 이름 뒤에 반드시 생년 월일을 표기하여 승객의 나이를 확인할 수 있어야

한다. 이 승객의 경우 출발일 기준으로 나이는 출생 후 4개월이므로 유아 승객 운임이 적용되며, 좌석 비점유 유아 승객일 경우 일반적으로 성인 승객의 운임에서 90%할인이 적용된다.

```
RP/SELK1394Z/SELK1394Z              AA/SU    8SEP21/0538Z
0123-1238
  1.KIM/KYUNGHAE MS(INFKIM/MIHEE MISS/10AUG21)
  2  KE 657 Y 19DEC 7 ICNBKK HK1   0915 1315   19DEC  E
  3  KE 658 Y 26DEC 7 BKKICN HK1   2130 0445   27DEC  E
```

예약에 따른 각각의 항공권 내역을 살펴보기로 하자.

유아 승객은 항공 좌석을 점유 하지 않으므로, 항공권 내에 좌석확약 내용이 표기 되지 않는다. 대신 NS(NO SEAT) 코드를 통해 좌석을 점유 하지 않음을 표기하며 운임코드에 IN90이라는 코드를 사용하여 성인 운임에 90% 할인이 적용됨을 설명하게 된다. 항공사는 노선별, 시장별, 운임에 따라 다양하게 유소아 운임에 대한 할인율을 차별화 할 수 있다. 국내선의 경우 유아 요금을 받지 않는다거나 혹은 소아 할인을 적용하지 않는 운임이거나 하는 식으로 판매 정책에 따라 유소아 운임에 대한 할인율을 결정할 수 있다.

🔍 유아 항공권과 성인 항공권의 좌석과 운임 표기 방식 비교

```
TKT-1803331200332        RCI-                    1A LOC-5Z5K8M
OD-SELSEL  SI-      FCPI-0   POI-SEL  DOI-08SEP21  IOI-00039911
  1.KIM/MIHEE MISS            INF      ST  N
1 O ICNBKK     KE  657 Y 19DEC 0915 NS O     YRT/IN90
                                                19DEC 1PC
2 O BKKICN     KE  658 Y 26DEC 2130 NS O     YRT/IN90
                                                19DEC 1PC

FARE   F KRW      137800
TOTALTAX KRW        3800
TOTAL    KRW      141600
```

```
TKT-1803331200331        RCI-                    1A LOC-5Z5K8M
 OD-SELSEL  SI-     FCPI-0   POI-SEL  DOI-08SEP21 IOI-00039911
   1.KIM/KYUNGHAE MS              ADT       ST  N
1 O ICNBKK      KE   657 Y 19DEC 0915  OK  O     YRT
                                                          19DEC 1PC
2 O BKKICN      KE   658 Y 26DEC 2130  OK  O     YRT
                                                          19DEC 1PC
 FARE    F KRW      1377600
 TOTALTAX KRW        100000
 TOTAL    KRW       1477600
```

아래 그림은 마닐라 MNL에서 방콕 BKK으로 가는 유아 승객의 항공권이며,
GDS에 따라 표기 방식이 조금 상이할 수는 있으나, 적용 코드를 해석하는 방식에
는 차이가 없다.

```
TKT-0002447606228      RCI- 2A     LOC-2CY3MZ
OD-MNLMNL      SI-   FCMI-1        POI-MNL     DOI-20JAN   IOI-
92057254
1.CURTIS/CHRISTOPHERMSTR INF                     S   I
1 OMNL TG 212  Y   25JAN 1320  NS    HRLEYPH/IN90  A    25JAN 25JAN 10K
2 OBKK TG 213  Y   11MAR 0830  NS    HRLEYPH/IN90  O    11MAR 11MAR 10K
MNL
FARE   USD 57.70
EQUIV  PHP 2586
TOTAL  PHP 2586
FC     MNL  PP  BKK28.85TG MNL28.85NUC57.77END ROE1.00
FP     CASH
FE     TRVLG WITH CURTIS/JOCELYN MRS
```

2 소아 예약 및 발권 코드 표기

소아 승객은 여행 시작일 기준으로 만 2세 생일이 지났으나, 12세 생일이 지나
지 않았을 경우에 적용하는 승객 타입이다. 소아 승객의 운임은 일반적으로 성인
운임의 25%의 할인율을 적용하나, 국내선, 혹은 특별 운임 등 다양한 조건에 의해
할인율이 다양하게 적용될 수 있다.

아래 그림을 통해 소아 승객의 예약과 발권의 예를 살펴보도록 하자.

소아 승객과 성인 승객의 예약 예시

```
RP/SELK1394Z/SELK1394Z              AA/SU  10SEP21/0416Z    52E5JD
3010-0496
  1.KIM/KYUNG HAE MS    2.KIM/SERA MISS(CHD/01MAY17)
  3  KE 623 Y 01NOV 1 ICNMNL HK2   1835 2145   01NOV  E  KE/52E5JD
  4  KE 622 Y 10NOV 3 MNLICN HK2   1230 1725   10NOV  E  KE/52E5JD
```

소아 승객은 예약시 CHD(Child)의 표기를 통해 성인 승객과 구분한다. CHD표기 시 소아 승객의 생년 월일은 승객 이름과 같이 표기되고 이를 통해 시스템은 소아 승객의 여행 시작일 기준 나이를 적용하여 운임을 계산하게 된다. 소아 승객의 항공 운임은 성인 운임 기준으로 할인이 적용되며, 할인율은 예약 클래스에 설정되어 있는 운임을 바탕으로 한다.

성인과 소아 승객의 항공권 발권의 예

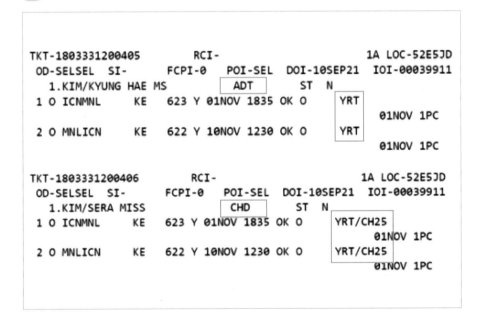

소아 승객의 운임 표기 코드에는 소아 승객임을 확인할 수 있는 YRT/CH25와 같은 할인율 표기가 입력되며, 이를 통해 항공 전문가는 성인 승객의 운임에서 25%할인이 적용되었음을 구분하게 된다.

운임 표기 코드는 항공권이 어떠한 조건으로 적용되었는지를 설명해 주며 이를 통해 시스템은 각 승객 타입에 맞는 서비스를 제공받을 수 있다.

2 | 2세 이상의 유아

- 여행 시작일 기준 2세 미만의 승객을 유아라고 정의하는데, 이는 전체 여정에 적용되는 항공 운임이 첫 번째 출발일 날짜에 따라 적용됨을 의미한다.
- 여행이 끝나기 전 2세 생일이 지나는 유아의 경우 항공 운임은 기본적으로 여행 시작 시점의 승객 나이를 기준으로 평가되게 되며, 여행 중 소아의 나이가 되어도, 여행 시작일 기준을 적용하여 유아 운임을 사용한 항공권 발권이 진행되게 된다.
- 이는 일반적 규정이지만, 항공사들마다 다양한 규정, 즉 안전상의 이유, 추가 수익 창출 등의 이유로 여행 중 유아의 2세 생일이 지날 경우 나머지 탑승 구간에 대해 소아 운임을 부과할 수 있다.
- 각 항공사들과 각국 정부는 유·소아의 안전한 여행을 위하여 자체적으로 안전 체크 리스트를 적용하여 항공 운임 적용 기준이 달라질 수 있으므로 항공권 발권 시 유·소아 운임의 규정을 확인하는 것이 무엇보다도 중요하다.

아래 예약 사항은 좌석을 점유하는 유아의 예약 표기와 항공권의 예이다. 이 예약의 경우 유아 승객이 좌석이 필요하게 될 경우 INS(INFANT WITH SEAT)코드를 사용하여 항공 예약이 진행되며, 이 예약을 통해 발권이 진행 될 경우 항공 운임은 자동으로 소아 할인을 적용하여 발권된다.

항공사마다 규정이 다르기는 하나 요즈음은 INS코드를 사용하여 발권을 진행하기 보다는 소아 운임 코드를 사용하여 진행하는 방식이 보편적이다.

```
RP/SELK1394Z/SELK1394Z              AA/SU   8SEP21/061
4003-2054
  1.KIM/KYUNGHAE(INS)
  2  KE 603 Y 10DEC 5 ICNHKG HK1  0820 1120  10DEC
  3  KE 608 Y 15DEC 3 HKGICN HK1  0055 0520  15DEC


TKT-1803331200336       RCI-                      1A LOC-5ZJSLQ
  OD-SELSEL  SI-      FCPI-0   POI-SEL  DOI-08SEP21  IOI-00039911
    1.KIM/KYUNGHAE                ADT      ST  N
  1 O ICNHKG       KE    603 Y 10DEC 0820 OK O    YRT/CH25
                                                    10DEC 1PC
  2 O HKGICN       KE    608 Y 15DEC 0055 OK O    YRT/CH25
```

3 ## 비동반 소아 UMNR(Unaccompanied Minor)

- 8살 이상 12살 미만의 소아는 성인 운임을 지불하는 승객과 동반하여 여행할 경우 소아 운임을 적용한다. 그러나, 소아 운임을 적용하는 데에 몇 가지 예외 사항이 있다.
- 8살 생일이 지나지 않은 소아가 성인을 동반하지 않는 여행을 해야 할 경우, 혹은 12살 이상 성인과 동반하지 않고 여행을 하게 되는 소아의 경우를 비 동반 소아라고 한다.

- 비 동반 소아의 경우 각 항공사 마다의 자체 규정이 다양하므로 해당 항공사에 확인 하여야 한다. 예를 들어, 5세부터 비 동반 소아의 규정을 정하거나, 소아 운임에 추가 서비스 비용을 적용하거나 하는 등 아래와 같이 다양하다.

🔍 GDS내의 비동반 소아 규정 표기의 예1

```
OR - UNACCOMPANIED CHILD 5-11 - CHARGE 75 PERCENT OF THE FARE.
TICKET DESIGNATOR - UNN.
NOTE -
1. UNACCOMPANIED MINOR UNDER 5 WILL NOT BE ACCEPTED FOR CARRIAGE.
2. YOUNG PASSENGER 12-15 PAYING 100 PCT OF THE FARE MAY REQUEST
ASSISTANCE AT A CHARGE - SEE SURCHARGE IN SU CATEGORY.
```

🔍 GDS내의 비동반 소아 규정 표기의 예2-타이항공

```
T H A I ACCEPTS CHILDREN BETWEEN 5-11 (HAVING REACHEED
THEIR 5TH BUT NOT THEIR 12TH BIRTHDAY) YEARS OF AGE FOR
UNACCOMPANIED TRANSPORTATION UNDER THE FOLLOWINGS CONDITIONS:

A.TRAVEL SHALL BE PERMITTED ONLY FOR IMMEDIATE CONTINUOUS
  SPACE AND ALL SEGMENTS OF WHICH HAVE BEEN CONFIRMED.

B.UM NEEDS TO BE ESCORTED ON DEPARTURE / ARRIVAL AND THE
  CONNECTING FLIGHT IF IT IS OVER 6 HOURS.

C.PARTIAL REQUEST OF UMNR WHEN TRAVEL MULTIPLE SEGMENTS
  IS NOT ALLOWED.

D.WHEN THE TRANSFER OCCURS BETWEEN BKK(SUVANABHUMI) APT AND
  DMK (DONMUENG) OR V.V, AN ESCORT PERSON MUST BE PROVIDED
  BY THE PARENT IN ORDER TO ACCOMPANY UM TO RE-CHECK IN FOR
  FINAL DESTINATION.
```

대한항공의 비동반 소아 규정의 예

서비스 요금 안내

국내선

- 만 5세 이상~만 12세 이하
  - 성인 정상운임 적용

국제선

- 만 5세 이상~만 11세 이하
  - 대한항공에서 별도로 정한 성인운임 적용 + 구간당 150,000원 (미국 출발시 USD 150, 캐나다 출발시 CAD 150, 인도네시아 출발시 IDR 2,140,000) 혹은 마일리지 10,000 마일 1)
- 만 12세 이상~만 16세 이하
  - 대한항공에서 별도로 정한 성인운임 적용 + 구간당 200,000원 (미국 출발시 USD 200, 캐나다 출발시 CAD200, 인도네시아 출발시 IDR 2,860,000) 혹은 마일리지 15,000 마일 2)

1) 보너스 발급일 기준 2021년 12월 1일부터 비동반 소아 공제 마일리지가 15,000 마일로 변경됩니다.
2) 보너스 발급일 기준 2021년 12월 1일부터 비동반 소아 공제 마일리지가 20,000 마일로 변경됩니다.

출처 : 대한항공 홈페이지

 아시아나 항공의 비동반 소아 규정의 예

이용금액	· 국내선 : 성인 정상운임 100% 적용
	· 국제선 : 성인 운임 + 서비스 구간당 **USD 100** 상당액 또는 **10,000** 마일리지 지불
	- 2020. 11. 1 부 (발권일 기준) 서비스 이용 요금 **USD 150** 으로 변경
	- 2021. 1. 1부(탑승일 및 공제일 기준) **15,000** 마일리지 지불로 변경
	*이용금액 관련 자세한 사항은 예약센터를 통해 문의 부탁 드립니다.

서비스 신청방법 및 국가 규정

서비스 신청방법 및 절차	필리핀 UM 규정	사이판 UM 규정	베트남 UM 규정

출처 : 아시아나항공 홈페이지

Study Check

1. 좌석을 차지하는 유아의 경우 소아의 항공 운임 규정을 적용한다.

    (a) True

    (b) False

2. 유아는 여행 종료일 기준 2세 생일이 지난 승객을 의미한다.

    (a) True

    (b) False

3. 모든 항공사의 비 동반 소아는 성인 운임의 100%를 지불하여야 한다.

    (a) True

    (b) False

4. 소아가 여행 중 12세 생일이 지난 경우 반드시 성인 운임을 지불하여야 한다.

    (a) True

    (b) False

5. 유아의 좌석 비점유 항공권 운임의 좌석 상태 코드는 NS이다.

    (a) True

    (b) False

Chapter 12

제한적 운임과
적용 규정

12
**제한적 운임과
적용 규정**

개요

제한적이지 않은 항공권은 제약 조건이 적용되지 않거나 적은 반면에 비용적인 면에서 경쟁적이지 못하므로, 저렴한 제한적 운임에 대한 수요가 훨씬 많다. 제한적 운임은 모든 탑승 클래스에, 모든 목적지에 존재하며 일등석, 혹은 비즈니스 석에도 적용 된다.

제한적 운임은 적용해야 하는 다양한 운임 규정이 있으며, 이러한 규정은 여정 조건에 적합하여야 한다. 운임 규정은 알파벳과 숫자의 조합으로 이루어진 Fare Basis를 동반하며, Fare Basis 내의 첫 번째 알파벳은 일반적으로 탑승 클래스와 예약 시 필요한 예약 코드(Reservation booking designator : RBD)를 의미한다.

제한적 운임을 사용할 때에 주의 해야 할 두가지 중요한 점이 있다.

- Booking Class code(예약 코드) : 예약 시 적용하는 예약 클래스
- 운임 규정(Fare Restrictions) : 예약 후 적용되는 운임에 대한 규정

운임 적용 시 사용되는 예약 코드와 코드에 대한 운임 규정을 정확하게 이해하여야 하며, 편도 혹은 왕복 운임 모두 적용 가능하므로, 여러 여정이 존재할 경우 운임 결합이 가능한지도 파악해야 한다.

1 제한적 운임(Restricted Fare)의 정의

제한적 항공 운임은 제한적이지 않은 항공 운임에 비해 더 많은 조건을 적용하는 할인 운임이 일반적이다. 이러한 할인 운임은 아래의 다양한 조건을 적용한다.

- Length of Stay : 체류기간
- Advance Purchase Requirement : 사전 구매 조건
- Reservation, Payment and Ticketing Deadline : 예약, 발권 지불 기한
- Number of transfers and stopover : 환승과 도중 체류 횟수
- Refunds and Rebooking or Rerouting : 환불, 재예약, 여정 변경 조건
- Seasonality : 비수기 및 성수기 등의 계절성
- Day of week : 주중, 주말의 구분
- Stopover and transfer condition : 도중 체류와 환승 조건

아래 그림은 GDS 시스템 내의 운임 규정 선택 화면이다.
아래 규정 항목들을 선택하여 해당 운임의 적용 규정을 파악하여 실제 여정이 아래와 같은 다양한 요금 규정에 적합한지 확인한다.

```
OPTION LIST
   RU.RULE APPLICATION          SR.SALES RESTRICT
   TR.TVL RESTRICTION           CD.CHILD DISCOUNTS
   AD.AGTS DISCOUNTS            SO.STOPOVERS
   TF.TRANSFERS/RTGS            SU.SURCHARGES
   PE.PENALTIES                 CO.COMBINABILITY
   VC.VOLUNTARY CHANGES         VR.VOLUNTARY REFUNDS
         ****** SELECT CATEGORIES ******
```

◎ 적용 규정 항목

- RU : 운임을 사용할 때 적용되는 가장 기본적인 규정, 예를 들어 아시아에서 유럽 구간에 적용되는 규정 등.
- TR : 요금이 적용될 수 있는 기간등에 대한 여행 조건 표기
- AD : 여행사 직원이 구매할 경우 할인 조건
- TF : 환승 횟수에 대한 조건
- PE : 환불, 혹은 예약 변경등으로 인한 수수료에 대한 조건
- VC : 자발적인 변경 시 적용되는 제한 조건에 대한 명시
- SR : 지역적 판매 조건
- CD : 소아 할인 여부에 대한 조건
- SO : 도중체류 허용 여부와 횟수에 대한 조건
- SU : 수수료 발생 조건과 비용
- CO : 운임 결합 조건
- VR : 자발적 환불 시 적용되는 조건

제한적 운임은 가장 저렴한 운임 들 중 하나이며, 위에 나열된 여러 가지 규정들을 항공사의 판매 정책에 따라 일부 적용하며, 그 적용 조건에 따라 크게 3가지 종류로 구분지어 사용한다.

① Excursion Fare

② PEX Fare

③ APEX Fare

2 할인 운임 Excursion Fare

Excursion Fare는 제한적 운임 중 가장 유연한 조건을 적용하는 운임이다. 이 운임은 출발전 어느 때라도 좌석이 가능할 경우는 구매나 예약이 가능한 운임이다. 이 운임은 아래와 같은 규정을 적용한다.

- 최소 체류 기간
- 최대 체류 기간
- 환승과 도중 체류 횟수
- 환불, 혹은 재예약 시 제한 조건이나 요구 조건

위 적용 조건들 이외에 사전 구매 조건이나, 예약 변경 수수료에 대한 규정을 추가하는 경우도 있다. 운임 코드 Fare Basis Code만을 가지고 제한적 운임의 유형을 구분하기는 불가능하므로, 운임 종류에 따라 적용되는 노트나 규정들을 반드시 살펴보아야 한다.

⊗ Case Study 1

승객이 인천에서 방콕까지 가장 저렴한 왕복 운임을 요청하였을 경우 적용 가능한 대한항공 요금은 GDS에서 아래와 같이 조회된다. 가장 저렴한 요금부터 조회하였을 경우 1번부터 저렴한 요금 순으로 조회가 되며 1번부터 4번까지는 왕복 운임(RT : Round Trip), 5번 운임은 편도(OW : One Way)에 적용하는 운임이다.

```
FQDSELBKK/AKE/IL,X
ROE 1123.103136 UP TO 100.00 KRW
24MAY21**24MAY21/KE SELBKK/NSP;EH/TPM  2286/MPM  2743
LN FARE BASIS    OW    KRW RT   B PEN  DATES/DAYS    AP MIN MAX R
01 ULEVZRKS            430000 U  +  S03MAY  30JUN+  + -  6M R
02 LLEVZRKS            470000 L  +  S03MAY  30JUN+  + -  6M R
03 KLEVZRKS            520000 K  +  S03MAY  30JUN+  + -  6M R
04 ELEVZRKS            590000 E  +  S03MAY  30JUN   + -  6M R
05 KLEV0SKS    312000         K  +  S03MAY  30JUN+  + -  - R
```

승객의 요청에 따라 가장 저렴한 1번 운임, 즉 43만원 항공 운임을 적용하고자 할 때 먼저 승객의 여정과 1번 운임의 규정이 부합한지를 확인하여야 한다.

위 운임 중 1번 운임은 Fare Basis가 ULEVZRKS인 KRW430000이며, 예약 시 U클래스로 예약을 진행하여야 한다. 좌석 조회 시 U 클래스의 가능 여부가 제일 중요하다고 볼 수 있다. 수수료 조건(PEN)이 적용 되며 5월3일부터 6월30일 기간에 출발할 경우 사용되는 운임이다. 사전 구매 조건(AP)이 적용되며, 최소 체류기간은 없으나, 최대로 체류할 수 있는 기간은 6개월(6Months)이므로 출발 후 6개월 이내에 돌아와야 한다.

만약, 승객의 방콕 체류 기간이 7개월일 경우에는 1번부터 4번까지의 왕복 운임은 사용할 수 없게 된다.

이 요금의 각각 규정의 판독 방식을 살펴 보면 아래와 같다.

- LN : Line Number, 운임 번호
- FARE BASIS : 운임 구성 표기
- OW : One Way 편도
- KRW : Korean Won 대한민국 통화
- RT : Round Trip 왕복
- B : Booking Class 예약 클래스
- PEN : Penalty 수수료(+표기는 적용 세부 규정을 확인)

- DATES/DAYS : 요금 적용 가능 날짜
- AP : Advance Purchase 사전 구매 조건
- MIN : Minimum Stay 최소 체류 기간 조건
- MAX : Maximum Stay 최대 체류 기간 조건
- R : ROUTING FARE 여정 운임(항공사에서 제시하는 여정에 부합한 요금)
- ROE 1123.103136 : NUC로 환산하기 위해 적용하는 환율

Option List를 통하여 규정별 카테고리가 분류되어 있으며, 해당 규정을 각각 자세히 살펴볼 수 있게 각 항공사들은 자신들의 시스템을 이용하여 GDS내에 각 항공사의 자체 운임 규정을 입력하게 된다. 이를 통해 항공권 판매하는 여행사, 항공사 직원들은 운임 규정을 확인하여 승객의 여정과 부합한지 확인하게 된다.

GDS내의 항공 운임 별 규정 표기의 예

```
LN FARE BASIS     OW   KRW RT   B PEN DATES/DAYS   AP MIN MAX R
01 ULEVZRKS              430000 U +  S03MAY 30JUN+ + -   6M R
FCL: ULEVZRKS  TRF:    8 RULE: KS03 BK:  U
PTC: ADT-ADULT              FTC: XEX-REGULAR EXCURSION
OPTION LIST
   RU.RULE APPLICATION         MX.MAX STAY
   SE.SEASONS                  SR.SALES RESTRICT
   TR.TVL RESTRICTION          AP.ADVANCE RES/TKT
   FL.FLT APPLICATION          CD.CHILD DISCOUNTS
   AD.AGTS DISCOUNTS           OD.OTHER DISCOUNTS
   SO.STOPOVERS                TF.TRANSFERS/RTGS
   SU.SURCHARGES               TE.TKT ENDORSEMENT
   PE.PENALTIES                CO.COMBINABILITY
   MD.MISCELLANEOUS DATA       VC.VOLUNTARY CHANGES
   VR.VOLUNTARY REFUNDS
        ****** SELECT CATEGORIES ******
```

위 규정들의 세부 사항을 각각 들어가서 살펴 보게 되면, 이 운임이 적용하는 수수료 기준, 최대 체류 기간, 소아 승객의 할인율, 사전 예약 및 발권 조건등에 대

하여 상세히 확인할 수 있으며, 승객이 이 운임을 구매시 운임의 조건에 대한 내용을 사전 고지하여야 한다.

- MX : 최대 체류 기간에 대한 규정을 자세히 살펴보면 아래와 같다.

```
FQN1//MX
**  RULES DISPLAY  **
24MAY21**24MAY21/KE SELBKK/NSP;EH/TPM  2286/MPM  2743
LN FARE BASIS    OW   KRW  RT   B PEN  DATES/DAYS    AP MIN MAX R
01 ULEVZRKS               430000 U  +  S03MAY 30JUN+ + -   6M R
FCL: ULEVZRKS  TRF:   8 RULE: KS03 BK:  U
PTC: ADT-ADULT              FTC: XEX-REGULAR EXCURSION
MX.MAX STAY
FOR ROUND TRIP FARES

  TRAVEL FROM LAST STOPOVER MUST COMMENCE NO LATER THAN 6
  MONTHS AFTER DEPARTURE FROM FARE ORIGIN.
```

출발 후 여행이 끝나는 마지막 날짜가 6개월 이내에 이루어져야 함. 즉, 출발일이 5월10일이라면, 방콕에서 서울로 돌아오는 날짜가 11월10일까지는 출발하여야 함을 의미한다.

- AP : 예약 및 발권 시 사전 구매 조건이 적용되는지 살펴본다.

```
FQN1//AP
**  RULES DISPLAY  **
24MAY21**24MAY21/KE SELBKK/NSP;EH/TPM  2286/MPM  2743
LN FARE BASIS    OW   KRW  RT   B PEN  DATES/DAYS    AP MIN MAX R
01 ULEVZRKS               430000 U  +  S03MAY 30JUN+ + -   6M R
FCL: ULEVZRKS  TRF:   8 RULE: KS03 BK:  U
PTC: ADT-ADULT              FTC: XEX-REGULAR EXCURSION
AP.ADVANCE RES/TKT
FOR ULEVZRKS TYPE FARES

  RESERVATIONS ARE REQUIRED FOR ALL SECTORS.
  WAITLIST NOT PERMITTED.
  TICKETING MUST BE COMPLETED WITHIN 3 DAYS AFTER
  RESERVATIONS ARE MADE.
          NOTE -
          ALL SECTORS MUST BE CONFIRMED.
```

예약 시 모든 구간이 확약 되어야 하며, 대기 예약이 허용되지 않는다. 또한 발권은 예약 후 3일 이내에 완료되어야 적용 가능한 요금이다.

- PE : 수수료가 발생되는 조건에 대해 살펴보기로 한다.

```
FQN1//PE
**  RULES DISPLAY  **
24MAY21**24MAY21/KE SELBKK/NSP;EH/TPM  2286/MPM  2743
LN FARE BASIS    OW   KRW  RT   B PEN  DATES/DAYS    AP MIN MAX R
01 ULEVZRKS                 430000 U  +  S03MAY  30JUN+  + -   6M R
FCL: ULEVZRKS   TRF:   8 RULE: KS03 BK:  U
PTC: ADT-ADULT              FTC: XEX-REGULAR EXCURSION
PE.PENALTIES
BETWEEN KOREA, REPUBLIC OF AND SOUTHEAST ASIA
```

```
    CANCELLATIONS

    BEFORE DEPARTURE
      CHARGE KRW 150000 FOR CANCEL/REFUND.
      CHILD/INFANT DISCOUNTS APPLY.
        NOTE -
          WITHIN 3DAYS BEFORE DEPARTURE KRW150000
          14DAYS - 04DAYS BEFORE DEPARTURE KRW120000
          60DAYS - 15DAYS BEFORE DEPARTURE KRW100000
          90DAYS - 61DAYS BEFORE DEPARTURE KRW30000
```

```
   AFTER DEPARTURE
     CHARGE KRW 100000 FOR CANCEL/REFUND.
     CHILD/INFANT DISCOUNTS APPLY.
       NOTE -
         1/PENALTY DOES NOT APPLY FOR INFANT NOT OCCUPYING
           A SEAT. CHILD DISCOUNT APPLY.
         2/WAIVER APPLIES TO DEATH OF THE PASSENGER/
           IMMEDIATE FAMILY MEMBER VALID DEATH CERTIFICATE
           REQUIRED.
         3/IN CASE OF COMBINATION OF FARES THE MOST
           RESTRICTIVE RULE APPLIES PER PRICING UNIT.
```

수수료는 예약 취소 시 발생 되며, 출발 전과 출발 후로 구분하여 차등 적용
된다.

- 출발전 취소 : 취소, 혹은 환불 시 KRW150,000이 적용되며, 유소아 할인 적
  용이 가능하다.

즉, 유아 운임(성인 운임의 10%)을 사용한 유아 승객의 항공권을 환불하게 될 경우
KRW150,000의 10%인 KRW15,000을 적용하게 된다.

출발 날짜 기준으로 3일 이내 취소, 환불 시 KRW150,000이 적용되지만, 출발
날짜 기준으로 사전 취소를 할 경우 날짜별로 수수료 금액이 다양하게 적용된다.

예를 들어 출발 20일 전 취소 시 KRW100,000의 수수료가 적용되는 방식을 통
하여, 항공사는 좌석 판매 효율성을 극대화 시키고자 한다.

즉, KRW430,000항공권을 구매한 승객이 항공권 구매 후 출발일 기준 20일 전
환불 요청할 경우 지불 받는 금액은 세금을 제외하고 총 KRW330,000이 된다.

- 항공권 환불 금액 : KRW430,000-KRW100,000=KRW330,000

출발 후 항공권을 취소하거나 환불 할 경우에는 KRW100,000원의 수수료가
적용된다. 출발 후 취소의 의미는 서울에서 방콕까지 항공권을 사용한 후 나머지
구간에 대한 취소, 환불을 의미하며, 이때 환불 금액은 왕복 운임 중 편도 운임을
제한 후 수수료 적용을 하게 되므로 환불 금액이 거의 없거나 매우 적게 된다.

이는 항공사들이 일반적으로 왕복 운임을 설정할 때에 편도 운임의 2배로 왕복
운임을 형성하지 않고 편도 운임보다 약간 비싸거나 비슷하게 설정함으로써 자사
상품의 왕복 항공권 판매를 유도하기 위함이다.

만약, 승객이 출발 후 위 항공권을 환불 하고자 한다면, 승객이 환불 받게 되는
최종 금액은 KRW18,000이 된다.

(=KRW430,000항공 운임-KRW312000:편도 운임-KRW100,000:수수료)

3 특별 할인 운임 Instant Purchase Excursion(PEX) Fare

PEX Fare는 Excursion Fare와 동일한 제한 조건을 적용하지만, 부가적으로 아래와 같은 추가 규정을 요구하므로 좀 더 제한적이다.

- 각 항공편 예약의 확약
- 예약 후 즉시 발권
- 발권 후 예약 변경이 발생 할 경우 변경 불가하거나, 수수료를 부과
- 항공권 취소 시 수수료 적용

⊘ Case Study 2

아래 운임 화면은 BOM(Mumbai)에서 NYC(New York)까지의 LH(루프트한자 독일항공)의 운임 표기 중 저렴한 순으로 나열된 운임들 이다.

```
LN FARE BASIS     OW    INR  RT    B PEN  DATES/DAYS    AP MIN MAX R
01 LRCAAW                34900 L +    -     -    +  + 6+ 12M R
02 TRCAAW                38900 T +    -     -    +  + 4+ 12M R
03 SRCAAW                42900 S +    -     -    +  + 4+ 12M R
04 WRCAAW                46900 W +    -     -    +  + 3+ 12M R
05 VRCAAW                52900 V +    -     -    +  + 3+ 12M R
06 QRCAAW                60900 Q +    -     -    +  + 3+ 12M R
07 SRCAAOW     32200          S +    -     -    +  + -  -  R
08 WRCAAOW     35200          W +    -     -    +  + -  -  R
```

- LN : Line Number, 운임 번호
- FARE BASIS : 운임 구성 표기
- OW : One Way 편도
- INR : Indian Rupee 인도에서 사용하는 통화

- RT : Round Trip 왕복
- B : Booking Class 예약 클래스
- PEN : Penalty 수수료
- DATES/DAYS : 적용 날짜
- AP : Advance Purchase 사전 구매
- MIN : Minimum Stay 최소 체류 기간
- MAX : Maximum Stay 최대 체류 기간
- R : ROUTING FARE 여정 운임 (항공사에서 제시하는 여정에 부합한 요금)

위 구간의 요금 중 가장 저렴한 왕복 운임은 Fare Basis Code를 LRCAAW를 사용하는 INR34900이다. 이 운임의 조건은 사전 구매 조건이 있으며, 최소 6일 이상 체류하여야 하고 최대 12개월 미만 체류하는 여정의 경우 사용 가능한 요금 이다.

자세한 요금 규정을 위해 각 카테고리 별로 확인해 보자.

```
24MAY21**24MAY21/LH BOMNYC/NSP;AT/TPM  7779/MPM  9746
LN FARE BASIS    OW    INR RT  B PEN  DATES/DAYS   AP MIN MAX R
01 LRCAAW             34900 L  +    -    -    +  + 6+ 12M R
FCL: LRCAAW    TRF:   1 RULE: W6IN BK:  L
PTC: ADT-ADULT              FTC: XPN-INSTANT PURCHASE NONREF
FARE FAMILY              : ECOSTAND
FARE FAMILY DESCRIPTION: ECO STANDARD
OPTION LIST
    RU.RULE APPLICATION         MN.MIN STAY
    MX.MAX STAY                 SR.SALES RESTRICT
    AP.ADVANCE RES/TKT          CD.CHILD DISCOUNTS
    TC.TOUR CONDUCTOR           AD.AGTS DISCOUNTS
    OD.OTHER DISCOUNTS          SO.STOPOVERS
    TF.TRANSFERS/RTGS           SU.SURCHARGES
    TE.TKT ENDORSEMENT          PE.PENALTIES
    CO.COMBINABILITY            HI.HIGHER INTERMEDIATE
                                POINT
```

- AP : 사전 예약 및 발권 조건

최소 출발 5일 전까지는 예약이 완료되어야 하며, 예약 완료 후 48시간 이내에 발권 또한 완료되어야 한다.

```
FQN1//AP
**  RULES DISPLAY  **
24MAY21**24MAY21/LH BOMNYC/NSP;AT/TPM  7779/MPM  9746
LN FARE BASIS    OW   INR  RT  B PEN  DATES/DAYS   AP MIN MAX R
01 LRCAAW                  34900 L +    -     -    + + 6+ 12M R
FCL: LRCAAW    TRF:   1 RULE: W6IN BK:  L
PTC: ADT-ADULT             FTC: XPN-INSTANT PURCHASE NONREF
FARE FAMILY              : ECOSTAND
AP.ADVANCE RES/TKT
FOR LRCAAW TYPE FARES
```

```
          RESERVATIONS FOR ALL SECTORS ARE REQUIRED AT LEAST 5 DAYS
          BEFORE DEPARTURE.
          WHEN RESERVATIONS ARE MADE AT LEAST 72 HOURS BEFORE
          DEPARTURE TICKETING MUST BE COMPLETED WITHIN 72 HOURS
          AFTER RESERVATIONS ARE MADE OR AT LEAST 5 DAYS BEFORE
          DEPARTURE WHICHEVER IS EARLIER.
          OR - RESERVATIONS FOR ALL SECTORS ARE REQUIRED AT LEAST 5
               DAYS BEFORE DEPARTURE.
               TICKETING MUST BE COMPLETED WITHIN 48 HOURS AFTER
```

```
          RESERVATIONS ARE MADE OR AT LEAST 5 DAYS BEFORE
          DEPARTURE WHICHEVER IS EARLIER.
            NOTE -
            -V5-
            DUE TO AUTOMATED TICKETING DEADLINE CONTROL
            DIFFERENCE COULD EXIST BETWEEN THE FARE RULE
            LAST TICKETING DATE AND THE SYSTEM GENERATED
            TICKETING DEADLINE MESSAGE.
            THE MORE RESTRICTIVE TICKETING DEADLINE APPLIES.
            ------------------------------------------------
            ANY RESERVATION FOR FARES WITH TICKETING DEADLINE
            NOT TICKETED AT LEAST 26 HOURS
            BEFORE DEPARTURE WILL BE CANCELLED. THIS APPLIES
            IN ADDITION TO THE ABOVE MENTIONED DEADLINES.
            RESERVATIONS MADE WITHIN 26 HOURS BEFORE
            DEPARTURE REQUIRE TICKETING AT THE SAME TIME.
```

• MN : Minimum Stay 최소 체류 기간

이 운임 적용 시 최종 목적지에서 최소 6일이상 체류 하여야 한다. 뭄바이에서 뉴욕까지의 루프트한자 독일 항공의 여정은 독일 항공의 허브 공항인 프랑크푸르트 공항을 경유하여 최종 목적지까지 운항하며 뉴욕에서 최소 6일이상 체류 한 후 출발지로 돌아와야 적용되는 운임이다.

```
FQN1//MN
**  RULES DISPLAY  **
24MAY21**24MAY21/LH BOMNYC/NSP;AT/TPM  7779/MPM  9746
LN FARE BASIS    OW   INR  RT   B PEN  DATES/DAYS   AP MIN MAX R
01 LRCAAW                  34900 L +    -      -    +  + 6+ 12M R
FCL: LRCAAW     TRF:   1 RULE: W6IN BK:  L
PTC: ADT-ADULT               FTC: XPN-INSTANT PURCHASE NONREF
FARE FAMILY              : ECOSTAND
MN.MIN STAY
FOR ROUND TRIP LRCAAW TYPE FARES

   TRAVEL FROM TURNAROUND MUST COMMENCE NO EARLIER THAN 6
   DAYS AFTER ARRIVAL AT TURNAROUND.
```

• MX : Maximum Stay 최대 체류 기간

이 운임 사용 시 최대 체류 기간은 12개월이므로, 출발일이 6월1일 일 경우 내년도 6월1일 이전에 목적지에서 항공편을 이용하여 출발지로 이동하여야 한다.

```
FQN1//MX
**  RULES DISPLAY  **
24MAY21**24MAY21/LH BOMNYC/NSP;AT/TPM  7779/MPM  9746
LN FARE BASIS    OW   INR  RT   B PEN  DATES/DAYS   AP MIN MAX R
01 LRCAAW                  34900 L +    -      -    +  + 6+ 12M R
FCL: LRCAAW     TRF:   1 RULE: W6IN BK:  L
PTC: ADT-ADULT               FTC: XPN-INSTANT PURCHASE NONREF
FARE FAMILY              : ECOSTAND
MX.MAX STAY
FOR ROUND TRIP FARES

   TRAVEL FROM LAST STOPOVER MUST COMMENCE NO LATER THAN 12
   MONTHS AFTER DEPARTURE FROM FARE ORIGIN.
```

• PE : Penalty 수수료 규정

발권 후 발생할 수 있는 여러 변경 상황에 적용되는 수수료 규정으로 승객이 항공권 구매 시 사전 고지 하여야 하며, 적용 예외 조건에 부합될 경우 환불 수수료를 적용하지 않는 경우도 있다. 승객의 사망 등과 같은 경우 사망 진단서 첨부 시 수수료 부과를 하지 않는다.

```
FQN1//PE
**  RULES DISPLAY  **
24MAY21**24MAY21/LH BOMNYC/NSP;AT/TPM  7779/MPM  9746
LN FARE BASIS    OW    INR  RT   B PEN  DATES/DAYS    AP MIN MAX R
01 LRCAAW                   34900 L  +    -      -    +  + 6+ 12M R
FCL: LRCAAW    TRF:   1 RULE: W6IN BK:  L
PTC: ADT-ADULT                FTC: XPN-INSTANT PURCHASE NONREF
FARE FAMILY             : ECOSTAND
PE.PENALTIES
```

```
CANCELLATIONS

  ANY TIME
    CHARGE EUR 190.00 FOR CANCEL/NO-SHOW/REFUND.
    WAIVED FOR DEATH OF PASSENGER OR FAMILY MEMBER.
      NOTE -
        WAIVERS MUST BE EVIDENCED BY DEATH CERTIFICATE
        ------------------------------------------------
        REFUND PERMITTED BEFORE DEPARTURE IN CASE OF
        REJECTION OF VISA. EMBASSY STATEMENT REQUIRED.
```

4 사전 구매 할인 운임 Advance Purchase Excursion(APEX) Fare

이 운임은 가장 제한성이 높은 운임으로 편도, 혹은 왕복 운임 모두 적용된다. 위 두운임의 제한적 규정 이외에도 아래와 같은 추가 규정이 적용될 수 있다.

- 출발전 규정에 따른 사전 예약과 발권
- 발권 후 예약 변경 불가

항공사는 항공기의 사전 구매 수요를 확보하기 위해, APEX 운임과 같이 출발전 사전 예약과 발권을 진행하는 프로모션을 적용하기도 한다.

⊘ Case Study 3

아래 운임은 서울에서 방콕까지 가는 타이항공사의 일반석 운임 표기 이다. 저렴한 운임 순으로 정렬하였고, 각 운임 번호에 따라 운임과 규정이 표기 되어 있다.

자세한 운임 규정을 확인하기 위해서는 각 규정을 표기하는 Option list에 들어가서 세부 내용을 확인하면 된다.

```
FQDSELBKK/ATG/IL,X
ROE 1123.103136 UP TO 100.00 KRW
24MAY21**24MAY21/TG SELBKK;NSP;EH/TPM  2286/MPM  2743
  STAR ALLIANCE RTW AUTOPRICING AVAILABLE NOW
* THAI AIRWAYS** R-T-W FARE/MISC. SEE INFO NOTE TG/0001*
* VISIT THAI INTERNET HOMEPAGE -HTTP://WWW.THAIAIRWAYS.COM
LN FARE BASIS    OW    KRW RT  B PEN  DATES/DAYS     AP MIN MAX R
01 W3LARTG            383700 W  -  A03FEB B31MAR+14  -    1M+R
02 W1LERTG            451200 W  -  A03FEB B31MAR+   -    3M+R
03 V1LERTG            473700 V  -  A03FEB B31MAR+   -    3M+R
04 K1LERTG            497400 K  -  A03FEB B31MAR+   -    6M+R
05 T1LERTG            537100 T  -  A03FEB B31MAR+   -    6M+R
06 Q3LERTG            579900 Q  -  A03FEB B31MAR+14  -    9M+R
07 K1LEOTG    298500         K  -  A03FEB B31MAR+   -    6M+R
```

📍 GDS내의 해당 운임 규정 List

```
FQN1
**  RULES DISPLAY  **
24MAY21**24MAY21/TG SELBKK/NSP;EH/TPM  2286/MPM  2743
LN FARE BASIS     OW   KRW  RT  B PEN  DATES/DAYS    AP MIN MAX R
01 W3LARTG                  383700 W - A03FEB B31MAR+14  -   1M+R
FCL: W3LARTG    TRF:  8 RULE: 2025 BK:  W
PTC: ADT-ADULT              FTC: XAP-ADVANCE PURCHASE EXCURSION
OPTION LIST
    RU.RULE APPLICATION           MX.MAX STAY
    SR.SALES RESTRICT             TR.TVL RESTRICTION
    AP.ADVANCE RES/TKT            FL.FLT APPLICATION
    CD.CHILD DISCOUNTS            TC.TOUR CONDUCTOR
    AD.AGTS DISCOUNTS             OD.OTHER DISCOUNTS
    SO.STOPOVERS                  TF.TRANSFERS/RTGS
    TE.TKT ENDORSEMENT            PE.PENALTIES
    CO.COMBINABILITY              HI.HIGHER INTERMEDIATE
```

- AP : Advance Purchase 규정

출발 14일 전 예약, 발권 완료 시 적용 가능하며, 출발 14일 이내에 예약 할 경우 W클래스 좌석이 가능하여도 해당 운임 사용이 불가하게 된다. 이러한 규정들은 GDS내에 항공사들이 운임 설정 규정을 입력해 놓음으로 인하여 예약 후 자동 운임 확인 시 규정에 맞지 않을 경우 운임이 조회되지 않도록 시스템화 되어 있다.

```
FQN1//AP
**  RULES DISPLAY  **
24MAY21**24MAY21/TG SELBKK/NSP;EH/TPM  2286/MPM  2743
LN FARE BASIS     OW   KRW  RT  B PEN  DATES/DAYS    AP MIN MAX R
01 W3LARTG                  383700 W - A03FEB B31MAR+14  -   1M+R
FCL: W3LARTG    TRF:  8 RULE: 2025 BK:  W
PTC: ADT-ADULT              FTC: XAP-ADVANCE PURCHASE EXCURSION
AP.ADVANCE RES/TKT
FOR W3LARTG TYPE FARES
```

```
RESERVATIONS ARE REQUIRED FOR ALL SECTORS.
WAITLIST NOT PERMITTED.
TICKETING MUST BE COMPLETED AT LEAST 14 DAYS BEFORE
DEPARTURE.
        NOTE -
        RESERVATIONS WITHOUT TICKET NUMBERS CAN BE
        CANCELLED BY THE CARRIER.
        --------------------------------------------------
        DUE TO AUTOMATED TICKETING DEADLINE CONTROL
        DIFFERENCE COULD EXIST BETWEEN THE FARE RULE LAST
```

- MX : Maximum stay 최대 체류 기간 규정

최대 체류 기간은 1달이며, 출발일로부터 1달 이내에 최종 목적지에서 출발하여야 한다.

```
FQN1//MX
**  RULES DISPLAY  **
24MAY21**24MAY21/TG SELBKK/NSP;EH/TPM  2286/MPM  2743
LN FARE BASIS    OW   KRW  RT  B PEN  DATES/DAYS    AP MIN MAX R
01 W3LARTG              383700 W  - A03FEB B31MAR+14  -   1M+R
FCL: W3LARTG    TRF:   8 RULE: 2025 BK:  W
PTC: ADT-ADULT              FTC: XAP-ADVANCE PURCHASE EXCURSION
MX.MAX STAY
FOR W3LARTG TYPE FARES

  TRAVEL FROM LAST INTERNATIONAL STOPOVER MUST COMMENCE NO
  LATER THAN 1 MONTH AFTER DEPARTURE FROM FARE ORIGIN.
```

- CD : Child Discount 소아할인 규정

이 항공 운임은 항공사에서 소아할인(성인 운임의 25% 할인)이 적용되도록 설정하여 소아 승객이 여행할 경우 해당 운임의 75%를 적용한다고 명시되어 있다. 2살 미만의 좌석 비점유 유아의 경우 성인 운임의 20%를 적용하도록 표기 되어 있다.

```
FQN1//CD
**  RULES DISPLAY  **
24MAY21**24MAY21/TG SELBKK/NSP;EH/TPM  2286/MPM  2743
LN FARE BASIS    OW   KRW   RT   B PEN  DATES/DAYS   AP MIN MAX R
01 W3LARTG              383700 W  -  A03FEB B31MAR+14  -    1M+R
FCL: W3LARTG   TRF:   8 RULE: 2025 BK:  W
PTC: ADT-ADULT            FTC: XAP-ADVANCE PURCHASE EXCURSION
CD.CHILD DISCOUNTS

   ACCOMPANIED CHILD 2-11 - CHARGE 75 PERCENT OF THE FARE.
        TICKET DESIGNATOR - CH
   OR - INFANT UNDER 2 WITHOUT A SEAT - CHARGE 20 PERCENT OF
        THE FARE.
            TICKET DESIGNATOR - IN
   OR - INFANT UNDER 2 WITH A SEAT - CHARGE 75 PERCENT OF THE
        FARE.
            TICKET DESIGNATOR - CH
```

• PE : Penalty 수수료 규정

이 운임의 수수료 규정 중 예약 변경 및 재발행 시 부과되는 수수료는 USD100
로 명시하였다. 다시 말하면, 승객이 항공권을 발권한 후 예약의 변경이 생길 경우
USD100을 지불하고 희망하고자 하는 날짜에 W 클래스 좌석이 가능하게 될 경
우 수수료 부과 후 날짜 변경이 가능하다.

```
FQN1//PE
**  RULES DISPLAY  **
24MAY21**24MAY21/TG SELBKK/NSP;EH/TPM  2286/MPM  2743
LN FARE BASIS    OW   KRW   RT   B PEN  DATES/DAYS   AP MIN MAX R
01 W3LARTG              383700 W  -  A03FEB B31MAR+14  -    1M+R
FCL: W3LARTG   TRF:   8 RULE: 2025 BK:  W
PTC: ADT-ADULT            FTC: XAP-ADVANCE PURCHASE EXCURSION
PE.PENALTIES
FOR W3LARTG TYPE FARES
```

```
NOTE -
 CHANGES
 ANYTIME
 CHARGE USD 100.00 FOR REISSUE/REVALIDATION.
  NOTE -
 ALL CHARGES ARE NOT COMMISSIONABLE.
 NAME CHANGE - NOT PERMITTED
 NAME CORRECTION WITH SAME PERSON BEFORE
 DEPARTURE - PERMITTED WITH A CHARGES USD 50 PER
```

Study Check

* 아래 그림은 서울에서 홍콩까지 왕복 운임 중 수수료 부문에 대한 규정을 GDS내에서 표기한
  예이다. 아래 그림을 보고 질문에 답하시오.

```
LN FARE BASIS      OW   KRW  RT   B PEN  DATES/DAYS   AP MIN MAX R
01 QRZZKR1R             260000 Q  +  S23AUG  16SEP+ -   -   1M R
                                     B27SEP  03OCT
FCL: QRZZKR1R   TRF:   8 RULE: 0221 BK:  Q
PTC: ADT-ADULT                 FTC: XEX-REGULAR EXCURSION
FARE FAMILY              : ES
PE.PENALTIES
FOR QRZZKR1R TYPE FARES

  CANCELLATIONS

    ANY TIME
      CHARGE KRW 100000 FOR CANCEL/REFUND.
      CHILD/INFANT DISCOUNTS APPLY.
      CHARGE KRW 100000 FOR NO-SHOW.
      CHILD/INFANT DISCOUNTS APPLY.
```

1. 위 운임이 적용하는 예약 클래스는 Q 클래스이다.

   (a) True

   (b) False

2. 위 제한적 운임의 유형을 고르시오.

   (a) Excursion Fare

   (b) Advance Purchase Excursion Fare

   (c) Instant Purchase Fare

   (d) Normal Purchase Fare

3. 위 운임을 발권한 후 출발 전 예약 부도한 승객이 환불 신청 할 경우 성인 승객의 환불 금액을 계산하시오.

   (a) KRW260,000

   (b) KRW250,000

   (c) KRW160,000

   (d) KRW100,000

4. 위 운임 사용 시 적용되는 최대 체류 기간은?

   (a) 1일

   (b) 1달

   (c) 1년

   (d) 11달

5. 위 운임을 발권한 후 환불 신청 시 유아 승객에게 적용되는 환불 수수료는?

   (a) KRW100,000

   (b) KRW10,000

   (c) KRW75,000

   (d) KRW1,000

Chapter 13

전자 바우쳐
EMD(Electronic Miscellaneous Documents)

13
전자 바우쳐 EMD
(Electronic Miscellaneous Documents)

 개요

- 항공사는 EMD라는 항공권과 비슷한 형태의 non-ticket document에 대해 표준 규정을 적용한다.
- 항공권과 마찬가지로 전자 EMD의 형태로 제공되며, 추가 서비스 등에 대한 비용을 지불하는 수단으로 GDS를 통하여 발행한다.
- 추가 서비스를 통한 수익은 항공사 입장에서는 승객으로부터 얻는항공권을 제외한 부수입으로써 수하물, 기내식, 기내 인터넷 및 다양한 부가 서비스, 항공권 변경 등으로 인한 부수입 이며, 항공사는 이를 통해 추가 수익을 창출할 수 있다.

1 | EMD 발행 사유 표기 코드(RFIC)

- EMD는 RFIC(Reasons for Issuance Code) 발행 사유 표기 코드라고 불리는 중요한 정보를 포함하고 있다.
- RFIC는 IATA에서 규정한 모든 항공사와 각 시스템에 공통으로 표준화 되어 있는 코드이며, 항공 전문가 들은 코드를 통해 EMD가 발행되게 된 사유를 식별할 수 있다.
- 각각의 EMD는 각 한 개의 발행 사유 코드를 가지고 있으며 어느 항공사나 동일하게 이해할 수 있는 기본 코드로 구성된다.

◎ EMD 발행 사유 코드

☑ A : 운송 방법 Air transportation

- 운송 방법 변경 : 일반석에서 비즈니스석/프리미엄 이코노미, 혹은 비즈니스석에서 일등석으로의 좌석 승급, 일반 항공기종에서 에어버스380, 드림라이너 와 같은 프리미엄 항공기종 이용 등으로 인한 추가 비용 발생 시 기존 항공권에서 추가 비용이 발생하 므로 비용을 청구하는 방식으로 EMD를 발행 하게 된다.

☑ B : 비항공 운송 구간(버스, 자동차, 기차, 배 등을 이용)

항공기를 탑승하지 않고 다른 운송 수단을 이용하는 구간, 즉 비항공 운송 구간 의 다른 운송 수단 구입 시 항공사를 통하여 GDS내에서 렌트카나 기차표를 예약, 구매 할 수 있으며, 구매 시 전자 항공권의 형태가 아닌 바우처 형태로 영수증을 발급하게 된다.

• GDS내의 KTX예약, 운임 확인 화면의 예

```
              ①        ②

LN FARE BASIS    OW   KRW  RT   B PEN  DATES/DAYS   AP MIN MAX R
01 YKTX         68800      137600 Y P20    -     -    + + -  - R
FCL: YKTX      TRF: 302 RULE: 1100 BK:  Y
PTC: ADT-ADULT              FTC: SIP-ONEWAY INSTANT PURCHASE
RU.RULE APPLICATION
KORAIL TRAIN SERVICES
              ③
```

① 편도 운임 : KRW68,800

② 왕복 운임 : KRW137,600

③ Korail Train Services : GDS를 통한 기차 예매 표기

⊗ C : 수하물 Baggage

추가 수하물, 혹은 스포츠 장비나 낚시 용품 등의 특수 수하물, 무게/부피가 큰 오버사이즈 수하물, 생동물 운송으로 인한 추가 비용을 EMD를 통하여 지불한다.

추가 수하물 중 Live Animal, 즉 생동물 운반은 생명체를 운반하기 때문에 기내 운반 및 화물칸으로의 운반 모두 중요하다고 할 수 있다. 기내 운반 시 제한된 사이즈로 인해 화물칸 운반이 진행 될 경우 무게에 따라 비용이 결정되며, 다른 종류의 수하물등 또한 무게와 크기에 비례하여 비용이 책정된다.

비용 지불 시 반드시 사전 예약이 되어 있어야 하며, 사전 서비스 예약에 대한 확약과 비용을 확인하여야 EMD발행이 가능하다.

출처 : Pet Airline

⊘ D : 수수료 혹은 페널티

예약 변경 수수료 등으로 인한 추가 비용

항공권 발권 후 다양한 이유로 발생되는 예약 변경의 경우 제한적 운임을 사용하게 되며, 수수료가 발생되게 된다. 예약 취소의 경우 항공권 환불의 형태로 최종 환불 금액에서 수수료가 차감되어 진행되기도 하나, 예약을 변경할 경우 발생되는 수수료는 EMD를 통하여 추가 비용을 지불하는 방식으로 진행한다.

⊘ E : Airport Services(Lounge Access)

공항 라운지 등의 시설 이용을 위한 비용

일반적으로 항공사들은 라운지 이용에 대한 제한을 둔다. 항공사 내의 상용 고객들, 혹은 비즈니스석, 일등석 승객들에게는 수속 후 라운지 사용이 무료로 제공되지만, 일반석 승객들에게는 제공이 되지 않는다. 항공사 마다 자체 규정이 다르게 적용되기는 하지만 라운지 사용을 희망하는 승객의 경우 라운지 사용이 가능하도록 하게 하며, 이에 대한 비용을 지불하는 방식으로 사용하게 된다.

⊘ F : Merchandise(T-shirt)

항공사는 항공사를 대표하는 여러 가지 기념품을 제작하여 판매하기도 한다. 다양한 기념품을 제작하여 항공사 내의 상용 고객에게 무료로 제공하기도 하고, 특정 기간에 프로모션 목적으로 제공하기도 한다. 유료로 판매할 경우 EMD의 형태로 영수증을 발행하게 된다.

⊘ G : 유료 기내 서비스 비용(각 항공사 별로 유료 서비스 기준이 다양하다.)

유료 기내 서비스는 항공사 마다 자체적으로 운영하게 된다. 특히, 저비용 항공사의 경우는 다양한 유료 서비스를 제공하며 풀서비스 항공사 또한 와이파이 사용 등과 같이 제한적인 유료 서비스를 제공하기도 한다. 대부분의 풀서비스항공사는 유소아 서비스에 관련된 서비스는 무료로 제공되는 경우가 많으나, 특정 노선의 경우 추가 서비스를 받는 경우도 있다.

2 ｜ EMD 발행 유형

- EMD 발행 유형은 EMD-A와 EMD-S의 2가지 방식으로 구분한다.
- EMD-A(Associated)는 항공권에 연계되어 발생하는 비용을 징수하는 방식이다. 예를 들어, 추가 수하물의 경우 해당 항공편에 연결되어 발생하므로 항공권의 쿠폰 상태(항공권 사용 가능 여부 표기 코드)와 EMD 쿠폰의 상태(EMD 사용 가능 여부 표기 코드)는 동일한 싯점에서 변경된다.
- EMD 상태 코드 Coupon Status code는 항공권 쿠폰과 비슷하며, 각 쿠폰은 Value와 Status code를 포함한다. 이를 통해 EMD 사용 여부를 확인하며, 이는 전자 항공권의 상태 코드가 전자 항공권의 사용 여부를 확인시켜 주는 것과 같은 방식이다.

> - O : Open(사용 가능 상태)
> - F : Flown/Used(사용 완료 상태)
> - R : Refunded(환불 상태)
> - V : Voided, etc.(발행 후 취소 상태)

- EMD는 PNR 상의 항공편 예약 구간에 연결하여 Special Service Request(SSR) 지시어를 통하여 요청되며 발생하는 금액을 지불하기 위한 수단으로 발행한다.
- EMD-S(Stand Alone)는 수속 시 항공권과 동시에 쿠폰 상태가 변하지 않는 징수 방식이다. 아래와 같은 서비스 종류에 발생하는 비용을 지불하는 방식이며, 특별한 제한 조건이 없을 때 일반적으로 발행 후부터 1년 동안 유효하다.
- EMD-S는 발행 후 서비스가 제공되었다고 판단하므로, 쿠폰 상태 코드가 Open에서 즉시 Flown/Used, 즉 사용 완료로 변경된다.

- ⊘ **각종 수수료 징수**

  Collection of penalty fees, cancellations, no show, upgrading

- ⊘ **비항공 운송 수간 및 추가 수하물**

  Unspecified air transport and/or excess baggage

- ⊘ **환불, 혹은 상품권 형태의 바우처**

  Refundable balances

- ⊘ **탑승 거절 시 보상 수단**

  Denied boarding compensation

- ⊘ **지상 운송 및 서비스 제공**

  Land arrangements

- ⊘ **렌트카**

  Car hire/rental

- ⊘ **호텔 숙박**

  Hotel accommodation

1 EMD-Associated (EMD-A)

EMD-A는 승객의 항공권에 연결하여 발생하는 추가 비용으로 추가 수하물 비용 청구 등에 사용된다. EMD의 쿠폰 상태는 항공권과 연결되어 사용되므로 항공권이 유효한 경우에만 EMD가 적용 가능하며, 항공권 사용이 완료 된 후에는 EMD도 동시에 사용 완료 된다.

일반적으로 EMD는 항공권 발행의 주체가 되는 항공사에서 발행을 하며 항공권과 유사한 형태를 가지고 있다. 또한, 항공권과 동일한 쿠폰 상태를 적용하므로 아래와 같은 상태 코드를 적용하게 된다.

- Open(서비스 비용을 이미 지불하여 사용 가능한 상태)

- Used(서비스 비용을 지불한 후 서비스를 이미 사용한 상태)

- Refunded(서비스 비용을 지불 하였으나 서비스 이용을 하지 않고 환불된 상태)

- Voided. etc.(서비스 비용을 지불한 후 당일 내에 서비스 이용을 포기하여 취소 처리한 상태)

예시 1 : 자전거 운반 비용(GDS Amadeus 사용 예)

아래 항공편 이용 시 산악 자전거를 운반 하고자 할때에서 총 무게와 사이즈를 탑승하는 항공사에 정보 전달을 하여야 하며, 서비스 확약이 되었을 경우 항공편에 운반이 가능하다. 발생하는 비용은 일반적으로 추가 수하물 비용을 적용한다.

GDS내의 EMD 예약-자전거 요청 예시

```
RP/OSL1A2003/
1.SAETRE/MAGNUS MR
2 SK 4047 B 18NOV 6 OSLSVG HK1            730P    825P   CR9 0
3 AP OSL 85 33 34 33-AMADEUS TRAVEL-A
4 AP OSL 85 55 23 82-H
5 TK OK16OCT/OSL1A2003//ETAY
6 SSR BIKE SK HK1 1 MOUNTAIN BIKE 20KG 150CMX70CMX30CM/S2
7 FA PAX 117-8222300631/DTSK/EUR60.00/16OCT/OSL1A2003/19420483/E2
8 FB PAX 3000001637 TTP/TTM/RT OK ETICKET/EMD ADVISE PSGR TO BRING
FOID
FOP CASH
```

1. 승객 이름 : SAETRE/MAGNUS MR

2. 항공편 및 스케줄(SK4047, B-class, OSL/Oslo->SVG/Stavanger)

3. 여행사 연락처 : 85 33 34 33 AMADEUS TRAVEL

4. 승객 연락처(H/Home) : 85 55 23 82

5. 항공권 발권 완료 표기 : TKOK(발권 완료 표기)

6. 특별 요청 사항 표기(Special Service Request-SSR BIKE)

   산악 자전거 무게(20kg), 부피(150x70x30)

7. EMD 번호 : 117-8222 300 631

8. 항공권/EMD 발행 완료 메시지

◉ GDS내의 EMD 발행 예시

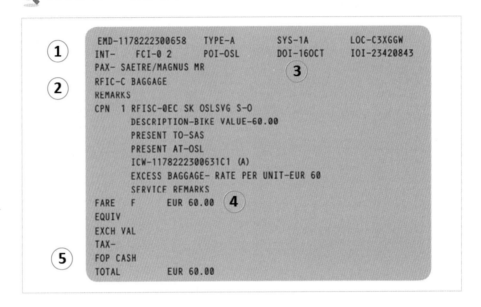

```
①  EMD-1178222300658    TYPE-A      SYS-1A       LOC-C3XGGW
   INT-    FCI-0 2     POI-OSL      DOI-16OCT    IOI-23420843
   PAX- SAETRE/MAGNUS MR                 ③
②  RFIC-C BAGGAGE
   REMARKS
   CPN  1 RFISC-0EC SK OSLSVG S-O
        DESCRIPTION-BIKE VALUE-60.00
        PRESENT TO-SAS
        PRESENT AT-OSL
        ICW-1178222300631C1 (A)
        EXCESS BAGGAGE- RATE PER UNIT-EUR 60
        SERVICE REMARKS
   FARE  F      EUR 60.00   ④
   EQUIV
   EXCH VAL
   TAX-
⑤ FOP CASH
   TOTAL         EUR 60.00
```

① EMD 번호 : 117 8222 300 658

② EMD 발행 코드 : C(수하물)

③ 발행 날짜 : Date of Issue 10월 16일

④ 지불 금액 : EUR60

⑤ 지불 방식 : 현금

✈ 예시 2 : 기내 반려견 동반(GDS Sabre 사용 예)

LHR(Heathrow) → SIN(Singapore)로 가는 BA11편, F클래스(일등석) 항공기에 반려견을 동반할 경우, 일반적으로 추가 수하물 비용이 무게에 따라 적용되며, 모든 탑승 클래스에 동일하게 비용 책정이 된다.

GDS내의 EMD예약-반려견 요청 예시

①
```
 1.2BRETT/MALCOM MR/ANGIE MRS
1 BA 11F 25DEC 7 LHRSIN HK2 1200 0805 26DEC 1 /DCBA*ZL015T /E
TKT/TIME LIMIT
1.T-19DEC-Y2VS*BAB
PHONES
1.LHR0171 838 2778-A
2.LHR0171 388 8285-H
ANCILLARY EXISTS *AE TO DISPLAY
GENERAL FACTS
1 SSR PETC BA HK1 LHRSIN0011F25DEC
OSL.OSL*APL 1043/24NOV KRTWPL
```
②

① 승객 예약 일정 :

　　BA11편/일등석(F-class)/출발일 : 25DEC/LHR-SIN

　　LHR(London Heathrow Airport)-SIN(Singapore)

② 승객 요청 사항 : SSR(Special Service Request)

　　PETC(Pet in Cabin) 요청에 따른 추가 서비스 비용 발생

GDS내의 EMD 발행 예시

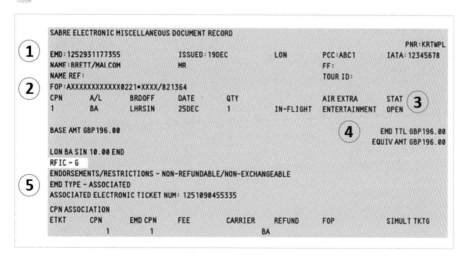

```
SABRE ELECTRONIC MISCELLANEOUS DOCUMENT RECORD
                                                              PNR:KRTWPL
① EMD:1252931177355          ISSUED:19DEC      LON      PCC:ABC1   IATA:12345678
   NAME:BRETT/MALCOM          MR                         FF:
   NAME REF:                                             TOUR ID:
② FOP:AXXXXXXXXXXX0221*XXXX/821364
   CPN   A/L       BRDOFF     DATE      QTY              AIR EXTRA       STAT  ③
   1     BA        LHRSIN     25DEC     1      IN-FLIGHT ENTERTAINMENT   OPEN

   BASE AMT GBP196.00                          ④        EMD TTL GBP196.00
                                                        EQUIV AMT GBP196.00
   LON BA SIN 10.00 END
   RFIC - G
   ENDORSEMENTS/RESTRICTIONS - NON-REFUNDABLE/NON-EXCHANGEABLE
   EMD TYPE - ASSOCIATED
⑤ ASSOCIATED ELECTRONIC TICKET NUM: 1251090455335

   CPN ASSOCIATION
   ETKT    CPN     EMD CPN    FEE     CARRIER   REFUND   FOP        SIMULT TKTG
           1       1                  BA
```

① EMD 번호 : 125 2931 177 355

② EMD 지불 방식 : 아멕스 카드를 통한 지불

③ 상태 코드 : 사용 가능 Open

④ 지불 금액 : GBP196(지불단위 : 파운드)

⑤ EMD 유형 : EMD-A(항공권과 연계되어 사용)

예시 3 : 추가 수하물 소지(GDS Travelport 사용 예)

SYD(시드니)에서 LAX(로스앤젤레스)를 여행하는 왕복 여행 항공권 이며, 아래 Special Service Request란에 SYD-LAX 구간에 추가 수하물 신청을 한 경우이다.

서비스 비용을 청구하기 위해 EMD발행을 완료하였으며, EMD번호는 016-8113 002 506이다. 해당 항공편에만 추가 수하물이 있으며, 돌아오는 여정에는 추가 수하물이 적용 되지 않으므로, CPN(쿠폰)은 한 구간에만 발행되었다.

GDS내의 EMD예약-추가 수하물 요청 예시

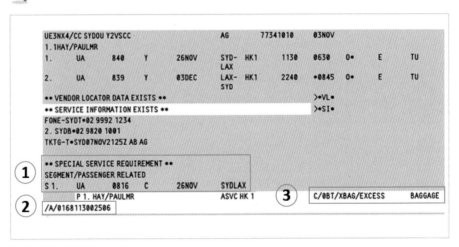

① EMD 적용 구간 :

UA816/26NOV/SYD(Sydney)-LAX(Los Angeles)

② EMD 번호 : 016-8113 002 506

③ EMD 발행 유형 : C(Excess Baggage)

🔍 GDS내의 EMD 발행 예

```
①  0168113002506              HAY/PAULMR        UE3NX4/1P/T4A 77341010
    •••••••••• EMD 0168113002506 COUPON 1 DETAILS ••••••••••

    RFI: C-EXCESS BAGGAGE
    DATE OF SERVICE: 03NOV                    QUANTITY OF SERVICES/FEES: 1
②  CPN AMT                    CPN STATUS        OPEN      ④
    AUD 100.00                 OPEN FOR USE
    PRESENT TO: UNITED AIRLINES
    PRESENT AT: SYDNEY/SYD
③  ASSOCIATED TO TKT: 1 016 8113002492
```

① EMD 발행 번호 : 016-8113 002 506

② 지불 금액 : AUD100(호주 달러)

③ 연계 항공권 번호 : 016 8113 002 492

④ 쿠폰 상태 : OPEN 사용 가능

2 EMD-Standalone(EMD-S)

EMD-S타입은 항공권 쿠폰 상태와 상관없이 제공되는 서비스에 대한 비용 청구 방식이다. 아래와 같은 다양한 서비스 제공 시 발행 할 수 있으며, 아래 서비스 내용뿐 아니라 각 항공사 마다 적용되는 차별화된 서비스 등에 대해서도 비용 청구 방식으로 사용된다.

- 항공권 발행 후 발생되는 수수료 부과 방식

  (취소, 예약 변경, 예약 부도, 재발행 등에 발생되는 수수료)

- 추가 수하물(항공권에 연계하지 않고 미리 지불하는 추가 수하물 바우처)

- 환불 금액(코로나 시기에 항공권 사용 불가 기간 동안 추후 사용을 위해 발행되는 바우처 형식, 여행 상품권같은 형식으로 다음 여행에 항공권 구매 시 사용 가능

- 탑승 거절 시 제공되는 서비스 바우처

- 차량 렌트 바우처
- 항공기 취소로 인하여 제공되는 호텔 숙박 바우처
- 지불된 항공 요금의 변동 시 차액 지불 하는 경우 발행

🔷 예시 1 : 예약 변경 시 발생되는 수수료

승객이 아래 항공권 발행 후 날짜 변경을 요구 할 경우, 지상직 직원은 해당 운임, 즉 NLSONL 운임의 날짜 변경 조건을 확인한 후 적용되는 수수료를 부과 하여 날짜 변경을 진행하게 된다.

이 운임의 경우 변경 시 수수료가 150EUR 발생되므로, 승객이 지불 의사가 있음을 확인한 후 수수료를 청구하고 날짜 변경을 진행하게 된다. 이때 EMD는 수수료 청구 시 금액에 대한 근거 및 영수증 역할을 하게 된다.

아래 예약은 AMS(암스테르담)에서 LOS(라고스)로 이동하는 왕복 항공권이며, 항공권 내에 예약 변경 수수료에 대한 정보가 명시되어 있다.

🔎 GDS내의 항공 예약 표기의 예

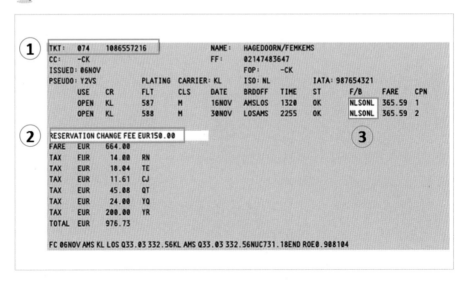

① 연계 항공권 번호 : 074-1086 557 216
② 항공 예약 변경 규정 표기 : 예약 변경 시 EUR150
③ 항공 운임 코드 : NLSONL

EMD-S는 발행과 동시에 쿠폰 상태 코드가 Flown/Used 사용 완료로 변경된
다. 이는 항공권의 상태 코드와 상관없이 이미 날짜 변경이 이루어졌으므로, 서비
스가 제공되었음을 의미하며, 승객이 날짜 변경을 다시 원할 경우에는 EMD가 새
로이 발행되어야 하며, 예약 변경을 요청하는 횟수에 따라 수수료 부과가 다시 이
루어 지게 된다.

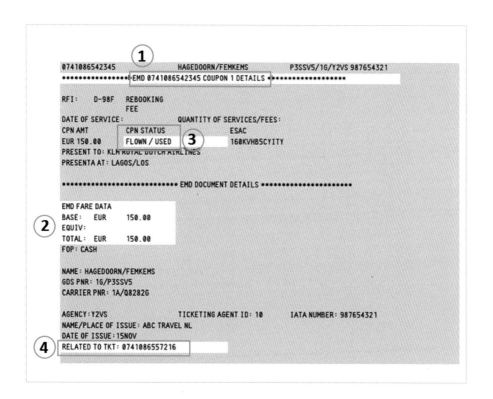

◎ GDS내의 EMD 발행 표기의 예

① EMD번호 : 074-1086 542 345
② 지불 금액 : EUR150

③ 상태 코드 : 사용 완료/FLOWN/USED

발행과 동시에 날짜 변경이 완료 되었으므로 사용 완료로 이미 변경됨

④ 연계 항공권 : 074-1086 557 216

예시 2 : 예약 변경 시 발생되는 수수료

아래 항공권은 UA항공사를 이용한 SFO(San Francisco)에서 ORD(Chicago O Hare Airport) 왕복 여정을 발행한 것이다. 항공권 내 정보를 통하여 날짜 변경 시 100USD가 적용됨을 알 수 있다.

⊘ 항공권 발행 이미지

```
     ELECTRONIC TICKET RECORD
     INV:437104
①    TKT:0161090455335              CUST:                                    PNR:BYXUEL
                                    ISSUED:07NOV        PCC:Y2VS             IATA:987654321
     NAME:OGILVY/BERNARD MR                            FF:NFX33976
     NAME REF:
     FOP:•VIXXXXXXXXX5221¥12/29
     CPN  A/L   FLT   CLS   DATE    BRDOFF   TIME   ST    F/B    STAT
②    1    UA    705   R     25NOV   SFOORD   1715   OK    BA7    OPEN
     2    UA    810   B     28NOV   ORDSFO   1330   OK    BA7    OPEN

     NONREF/CHG SUBJ TO USD 100/FEE /VLD UA ONLY
     FARE    USD     1127.46
     TAX     USD       84.54  US
     TAX     USD        9.00  XF
     TAX     USD        5.00  XA
     TAX     USD        5.60  AY
     TOTAL   USD     1231.60
```

승객은 항공권 발행 후 UA810 항공편에서 UA7458 항공편기로 변경을 하였으며, 이로 인해 발생되는 USD100에 대한 비용을 EMD-S로 발행한 경우이다.

```
1   UA   705B   25NOV   1   SFOORD   HK1   1715   2317   /DCUA*QY9266   /E
2   UA   745B   28NOV   4   ORDSFO   HK1   1745   2016   /DCUA*QY9266   /E
                The ticket will be exchanged or revalidated, but an EMD will be issued to collect
                the rebooking fee of USD100.00.

ELECTRONIC MISCELLANEOUS DOCUMENT RECORD
INV:                            CUST:                          PNR: BYXUEL
EMD: 0161090826659              ISSUED: 14NOV   PCC: Y2VS      IATA: 987654321
NAME: OGILVY/BERNARD MR                         FF
NAME REF:                       TOUR ID:
FOP: AXXXXXXXXXXXXX3442*XXXX/410214 S

AIR EXTRA:RESERVATION CHANGE FEE
RFIC: D/FINANCIAL IMPACT

CPN:1          QTY:                             STATUS:USED

PRESENT TO:UNITED AIRLINES
PRESENT AT:ORD

BASE AMT:USD100.00              EMD TTL:USD100.00
TAX AMT:                        EQUIV AMT:USD100.00

EMD TYPE:STAND-ALONE
REFERENCED ELECTRONIC TICKET NUM:0161090455335
```

Study Check

1. 예약 변경 시 지불되는 수수료는 EMD발행을 통하여 지불되며 발행 코드는 A를 적용한다.

   (a) True

   (b) False

2. EMD 발행 유형은 크게 A와 S로 구분된다.

   (a) True

   (b) False

3. EMD는 항공권과 동일하게 전산상으로 상태 코드를 구분한다.

   (a) True

   (b) False

4. EMD 발행 사유 중 A는 좌석 승급 시 추가 비용 지불을 위해 사용한다.

   (a) True

   (b) False

5. 다음중 EMD 상태 코드가 아닌 것을 고르시오.

   (a) Open

   (b) Used

   (c) Refunded

   (d) Ticketed

1. 아래 여정을 보고 OOJ 여정 타입을 고르시오

   (a) Seoul-Bangkok-Hong Kong

   (b) Seoul-Bangkok-Busan

   (c) Hong Kong-Bangkok-Hong Kong

   (d) Seoul-Bangkok//Hong Kong-Seoul

2. 다음 중 IATA Area가 다른 곳을 고르시오.

   (a) Fukuoka

   (b) Frankfurt

   (c) Delhi

   (d) Manila

3. 아래 여정을 보고 해당하는 여정 타입을 고르시오.

   > Narita-Seoul//Busan-Osaka

   (a) Oneway   (b) Circle Trip

   (c) Open Jaw   (d) Round Trip

4. 항공운임 책정 시 확인해야 할 규정이 아닌 것을 고르시오.

   (a) Mileage Surcharge

   (b) HIP

   (c) CTM

   (d) Ticket Number

5. 정상 운임과 비교하면 특별 운임에 일반적으로 해당하는 내용은 무엇인지 고르시오.

   (a) 추가 수하물 비용

   (b) 일반석 좌석에 대한 제한

   (c) 저렴한 요금의 제공

   (d) 재예약 시 자유로움

6. 항공운임 계산 시 NUC를 환산한 KRW 표기가 올바르게 적용된 것을 고르시오.

   (a) KRW691,100

   (b) KRW691,160

   (c) KRW691,161

   (d) KRW691,170

7. IATA Traffic Conference 중 동반구에 속하는 지역을 고르시오.

   (a) TC1   (b) TC1, 3

   (c) TC3   (d) TC1, 2

8. 아래 내용 중 일주 운임(Circle Trip)에 해당하는 내용을 고르시오.

   (a) 2개 이상의 여정이 존재할 수 없다

   (b) 출발지(Origin)와 도착지(Destination)가 다르다.

   (c) 운임 마디마다 적용되는 방향 지표가 다를 수 있다

   (d) 각 운임 마디는 각각 다른 클래스로 예약되어야 한다

9. 아래 여정을 보고 어떤 통화로 항공운임이 표기되는지 고르시오.

   Washington-New York-Seoul-Osaka-Tokyo

   (a) USD

   (b) KRW

   (c) NUC

   (d) JPY

* 아래 질문을 보고 True, or False를 고르시오.(10번~15번)

10. 미국을 여행하는 승객은 여행사 예약 시 여권번호를 반드시 제공한다.

    (a) TRUE

    (b) FALSE

11. 성인 1인이 동반할 수 있는 유아요금 적용 수는 2명이다

    (a) TRUE

    (b) FALSE

12. LA에서 London으로 가는 여정의 방향 지표는 PA이다

    (a) TRUE

    (b) FALSE

13. 승객이 거쳐 가는 모든 지점을 Transfer라고 한다

    (a) TRUE

    (b) FALSE

14. ROE는 현지 통화를 Euro로 환산할 때 적용하는 환율이다

    (a) TRUE

    (b) FALSE

15. 대서양 횡단 여정의 방향 지표는 AT이다

    (a) TRUE

    (b) FALSE

16. 다음 중 항공권에 표기되지 않는 정보를 고르시오.

(a) Passenger Name

(b) Flight Number

(c) Date of Birth

(d) Air Fare

17. 항공사가 요구하는 승객 식별 수단으로 사용되지 않는 정보를 고르시오.

(a) 승객 영문 이름

(b) 항공운임

(c) 생년월일

(d) 국적

18. 아래 승객이 지불 해야 할 항공운임을 구하시오.

> • 여정 : 인천-발리-인천 왕복(출발일 8월 1일)
> • 항공운임 : 성인 KRW 1,000,000
> • 승객 : Kim, Kasa MS(Date of Birth-01Jan 1965)
>   Kim, Michael MR(Date of Birth-12Apr 2014)
>   Kim, Kate Ms(Date of Birth-8Jul 2019)

(a) KRW 3,000,000

(b) KRW 1,000,000

(c) KRW 1,750,000

(d) KRW 1,850,000

19. Q-surcharge가 설명되어 있는 규정 번호를 고르시오.

(a) 12

(b) 13

(c) 16

(d) 18

20. 다음 중 개별 운임 타입에 속하지 않는 것을 고르시오.

    (a) CIF

    (b) YPEX

    (c) GIT

    (d) APEX15

21. EMD 발행 사유 중 일반석에서 비즈니스석으로 승급할 경우 차액 지불시 사용하는 코드를 고르시오.

    (a) A

    (b) B

    (c) C

    (d) D

22. 다음 중 Q Surcharge를 표기하는 이유가 아닌 것은?

    (a) Fuel

    (b) Security

    (c) Special Event

    (d) Departure Tax

23. 항공권과 분리하여 독자적으로 발행하는 EMD의 타입을 고르시오.

    (a) EMD-A

    (b) EMD-B

    (c) EMD-S

    (d) EMD-T

24. 아래 여정이 해당하는 타입을 고르시오.

Mumbai-Bangkok-Mumbai

(a) RT

(b) CT

(c) OW

(d) OJ

25. 아래 여정이 발생하는 IATA Area를 고르시오.

Mumbai-Bangkok-Mumbai

(a) 1

(b) 2

(c) 3

(d) 4

* 아래 예문을 보고 각 질문에 맞는 답을 고르시오.(26번~30번)

```
1.1KIM/KASA MS
1 CX 419Y 13JUN 6 ICNHKG*HK1 2015 2300
2 CX 289Y 14JUN 7 HKGFRA*HK1 0035 0650
3 CX 354Y 22JUN 1 LGWHKG*HK1 1220 0705+1
4 CX 434Y 23JUN 2 HKGICN*HK1 0755 1235
```

ICN Incheon, HKG Hong Kong, FRA Frankfurt, LGW London(Gatwick Airport)

26. 위 여정의 Stopover 횟수를 고르시오

(a) 0

(b) 1

(c) 2

(d) 3

27. 위 여정의 Transfer 횟수를 고르시오.

    (a) 0

    (b) 1

    (c) 2

    (d) 3

28. 위 여정의 방향 지표를 고르시오.

    (a) AT

    (b) AP

    (c) EH

    (d) RU

29. 위 여정을 보고 여정 타입을 고르시오.

    (a) OW

    (b) OJ

    (c) CT

    (d) RT

30. 위 여정은 CX항공사를 이용한 여정으로 Online Transfer 여정이다

    (a) TRUE

    (b) FALSE

* 아래 마일리지 표를 보고 각 질문에 맞는 답을 고르시오.(31번~35번)

CTY	GI	TPM	CUM	MPM	EMS	DED	LAST	NEXT	25M
SEL 3									
1. BKK 3	EH	2286	2286	2743	0M	0	0	457	3428
2. LON 2	EH	5922	8208	8918	0M	0	0	710	11147
3. LAX 1	AT	5438	13646	14278	0M	0	0	632	17847

31. 위 여정의 총 마일리지 합계를 구하시오.

    (a) 2286

    (b) 5922

    (c) 5438

    (d) 13646

32. 위 여정의 최종 적용되는 방향 지표를 구하시오.

    (a) GI

    (b) EH

    (c) AT

    (d) AP

33. 위 여정의 최대 마일리지 허용치를 구하시오.

    (a) 5438

    (b) 13646

    (c) 14278

    (d) 17847

34. 위 여정 중 LAX(Los Angeles)에 해당하는 Traffic Conference Area를 고르시오.

    (a) 1   (b) 2

    (c) 3   (d) 4

35. 위 여정 중 거리가 가장 먼 구간을 고르시오.

    (a) SEL-BKK

    (b) BKK-LON

    (c) LON-LAX

* 아래 예문을 보고 각 질문에 맞는 답을 고르시오.(36번~40번)

```
1.1KIM/KASA MS
1 KE 905C 01JUN 1 ICNFRA HK1 1305 1740
2 LH1022C 01JUN 1 FRABRU HK1 1925 2020
```

FRA Frankfurt, BRU Brussels

36. 위 여정을 보고 올바른 여정 타입을 고르시오.

    (a) OW   (b) RT

    (c) OJ   (d) CT

37. 위 여정은 Interline Transfer 여정이다

    (a) TRUE

    (b) FALSE

38. 위 여정의 항공운임은 KRW로 표기된다

    (a) TRUE

    (b) FALSE

39. 위 여정으로 항공권을 발행할 경우 포함되는 내용이 아닌 것을 고르시오.

    (a) KIM/KASA MS

    (b) KE905

    (c) ICN 출발 공항세

    (d) BRU 출발 공항세

40. 위 여정의 Transfer 지역을 고르시오.

(a) ICN

(b) FRA

(c) BRU

41. 다음 중 일주 여정에서만 확인해야 하는 마일리지 보완 규정을 고르시오.

(a) HIP

(b) EMS

(c) CTM

(d) MPM

42. 다음 중 상위 운임에 대한 설명 중 잘못된 것을 고르시오.

(a) Upsell Fare라고 부르기도 한다.

(b) 승객이 그룹화된 운임에서 선호하는 서비스를 선택할 수 있다.

(c) 동일한 탑승 클래스 내 다양한 서비스 선택이 가능하도록 한다.

(d) 항공 운임의 전형적인 운임 방식이다.

43. 다음 중 NUC로 표기된 운임을 출발지 국가의 통화로 환산하시오.

- 여정 : Tokyo-Seoul
- NUC 581.31
- ROE 109.407507
- 사용 통화 : 일본(JPY), 한국(KRW)
- 통화 표기 규칙 : 100단위 절상

(a) KRW736200

(b) JPY63600

(c) JPY63599

(d) JPY63599.67

* 아래 운임 구성을 보고 각 질문에 맞는 답을 고르시오(44번~48번).

```
SEL
 TYO OZ  Y   19MAY YLKJ                    19MAY O1P
 SEL OZ  Y   01JUN YLKJ                    19MAY O1P
FARE  KRW    669900
TAX   KRW     28000BP KRW     24700SW KRW     27200XT
TOTAL KRW    749800
 SEL OZ TYO281.67OZ SEL281.67NUC563.34END ROE1189.14257
XT KRW6200OI KRW9400YQ KRW11600TK
```

44. 위 운임 구성을 보고 총 승객이 지불 해야 할 금액을 계산하시오.

    (a) KRW669,900

    (b) KRW27,200

    (c) KRW749,800

    (d) KRW777,000

45. 위 여정의 항공운임 NUC를 고르시오.

    (a) 281.67

    (b) 563.34

    (c) 1189.14257

    (d) 669900

46. 위 항공운임을 발권할 경우 지불하는 tax의 개수를 고르시오.

    (a) 3

    (b) 4

    (c) 5

    (d) 6

47. 위 항공운임 발권 시 좌석비점유 유아를 동반할 경우 유아의 항공운임을 계산하시오.

    (a) KRW669,900

    (b) KRW502,425

    (c) KRW67,000

    (d) KRW66,990

48. 위 항공운임 발권 시 좌석비점유 유아를 동반할 경우 적용되는 tax는 성인과 동일하다.

    (a) TRUE

    (b) FALSE

49. 아래 TAX 규정을 보고 잘못된 내용을 고르시오.

```
 INTERNATIONAL PSC DEPARTURE TAX
GMP ICN                                  KRW 28000
PUS CJU TAE KWJ YNY CJJ MWX              KRW 23000
-
TRANSFER PASSENGERS BETWEEN
INTERNATIONAL FLIGHTS WITHIN 24 HOURS
AT ICN GMP PUS CJU TAE CJJ YNY MWX       KRW 10000

Exemption>
1.INFANTS UNDER 2 YEARS.
2.INTERNATIONAL TRANSIT/TRANSFER PASSENGERS
  WITHIN 24 HOURS AT KWJ.
3.INVOLUNTARY REROUTINGS.
4.AIRLINE CREW ON DUTY.
```

    (a) 인천 공항세는 KRW28,000이다.

    (b) 인천 출발 모든 승객은 인천 공항을 이용할 경우 KRW28,000을 지불한다.

    (c) 부산 공항에서 출발할 경우 공항세는 KRW28,000이다.

    (d) 24시간 이내에 환승할 경우는 KRW10,000을 지불한다.

50. 아래 여정에서 필요한 Flight Coupon은 몇 장인지 고르시오.

1.1KIM/KASA MS
1 OZ 106Y 19MAY 2 ICNNRT HK1 1545 1815 /DCOZ /E
2 TG 641Y 20JUN 6 NRTBKK HK1 1050 1520 /DCTG /E
3 OZ 742Y 23JUN 2 BKKICN HK1 0100 0915

    (a) 1

    (b) 2

    (c) 3

    (d) 4

	연습 문제 정답								
1	b	11	b	21	a	31	d	41	c
2	b	12	b	22	d	32	c	42	d
3	c	13	a	23	c	33	c	43	b
4	d	14	b	24	a	34	a	44	c
5	c	15	a	25	c	35	b	45	b
6	a	16	c	26	a	36	a	46	c
7	c	17	b	27	c	37	a	47	c
8	c	18	d	28	c	38	a	48	b
9	a	19	a	29	b	39	d	49	b
10	a	20	c	30	a	40	b	50	c

Chapter 1. 정답

1. Korea, 3   2. Thailand, 3   3. USA, 1   4. France, 2   5. Russia, 2
6. Canada, 1   7. Vietnam, 3   8. Turkey, 2   9. India, 3
10. Arab Emirates, 2   11. 3-3-3 EH   12. 3-1-1 PA   13. 1-1-1 WH
14. 3-2-2 TS   15. 3-1-2-2 AP

Chapter 2. 정답

1. a   2. c   3. a   4. d   5. d

Chapter 3. 정답

1. c   2. b   3. c   4. b   5. b

Chapter 4. 정답

1. b   2. b   3. d   4. b   5. c

Chapter 5. 정답

1. d   2. c   3. d   4. b   5. a   6. a   7. a   8. d   9. b   10. d

Chapter 6. 정답

1. b   2. b   3. b   4. a   5. a

Chapter 7. 정답

1. a   2. b   3. c   4. d   5. c   6. d

Chapter 8. 정답

1. b   2. a   3. a   4. c   5. d

Chapter 9. 정답

1. a   2. b   3. a   4. c   5. a

Chapter 10. 정답

1. b   2. b   3. VI, CA, AX, DC   4. c   5. d

Chapter 11. 정답

1. a   2. b   3. b   4. b   5. a

Chapter 12. 정답

1. a   2. a   3. d   4. b   5. b

Chapter 13. 정답

1. b   2. a   3. a   4. a   5. d

부록

항공 운임
기초 용어 안내

🔍 **항공 운임 용어에 대한 이해**

- 운임과 규정은 계속 변화하므로 항공 여객 운임 요율Passenger Air Tariff와 이를 기반으로 한 시스템 내의 필요한 정보를 잘 검색하는 것이 운임과 규정을 성공적으로 확인할 수 있는 주요한 포인트이다.
- 최저가의 운임을 선택할 자격이 있는 승객들에게 올바른 항공 운임을 확인하고 저렴한 운임을 제공하는 것, 그리고 승객에게 정확한 정보와 서비스를 제공함에 익숙하게 되는 것이 무엇보다도 중요하다. 잘못된 운임 계산은 항공사의 발권 거절을 초래할 수 있으며, 승객의 불편으로 이어질 수 있다. 또한, ADM(여행사가 항공 운임을 잘못 계산하여 발권하였을 경우 항공사에서 청구하는 금액 차이와 수수료·Agent Debit Memo)의 형태로 여행사의 금전적 손실을 발생시킬 수 있다.

- 항공사 여객 운임 요율 Passenger Air Tariff를 익숙하게 사용하여 가장 최적의 운임 계산, 정확한 운임 규정 적용 방법, Taxes/Fees/Charges, 다른 추가 정보 등을 확인하여 보도록 하자.

마일리지 확인

◈ SEL(서울)에서 SIN(싱가포르)까지 여행하는 동안 도중 체류지, 혹은 경유지를 포함한 실제 운항 거리를 조회하는 방식 : 다양한 GDS를 통하여 운항 거리를 확인 할 수 있으며, 아래 그림은 IATA에서 제공하는 운항 거리 확인 화면이다.

- SEL(서울)-HKG(홍콩) : 1295 마일
- HKG(홍콩)-BKK(방콕) : 1049 마일
- BKK(방콕)-SIN(싱가포르) : 889 마일
- 서울에서 싱가포르까지 여행하는 도중 홍콩과 방콕을 경유하여 여행할 경우 총 항공기를 이용하여 운항하는 거리 :
  3233 마일 =1295+1049+889

Ticketed Point Mileages (TPMs)

TPM: Enter city codes in the order they appear in the journey.

Code	SEL	Code	HKG	Code	BKK	Code	SIN	Code	
City	Seoul	City	Hong Kong	City	Bangkok	City	Singapore	City	
TPM (GI)		TPM (GI) 1295 (EH)		TPM (GI) 1049 (EH)		TPM (GI) 889 (EH)		TPM (GI)	

항공 운임 확인

- SEL(서울)에서 BKK(방콕)까지 모든 항공 운임을 조회하는 방식 : IATA website 를 통한 항공 운임 조회 화면

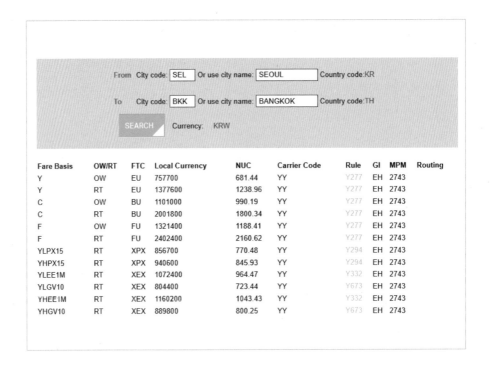

Fare Basis	OW/RT	FTC	Local Currency	NUC	Carrier Code	Rule	GI	MPM	Routing
Y	OW	EU	757700	681.44	YY	Y277	EH	2743	
Y	RT	EU	1377600	1238.96	YY	Y277	EH	2743	
C	OW	BU	1101000	990.19	YY	Y277	EH	2743	
C	RT	BU	2001800	1800.34	YY	Y277	EH	2743	
F	OW	FU	1321400	1188.41	YY	Y277	EH	2743	
F	RT	FU	2402400	2160.62	YY	Y277	EH	2743	
YLPX15	RT	XPX	856700	770.48	YY	Y294	EH	2743	
YHPX15	RT	XPX	940600	845.93	YY	Y294	EH	2743	
YLEE1M	RT	XEX	1072400	964.47	YY	Y332	EH	2743	
YLGV10	RT	XEX	804400	723.44	YY	Y673	EH	2743	
YHEE1M	RT	XEX	1160200	1043.43	YY	Y332	EH	2743	
YHGV10	RT	XEX	889800	800.25	YY	Y673	EH	2743	

- Fare Basis : 항공 운임의 다양한 규정을 반영하는 코드
- OW/RT : 편도(ONE WAY)/왕복(ROUND TRIP)
- FTC : 운임 표기 코드(FARE TYPE CODE-운임의 적용 규정을 반영하는 운임 유형 코드)
- NUC : 운임 적용 공통 화폐 단위
- Carrier Code : 항공사 코드(YY 대신 운임 적용 항공사 코드를 사용한다. KE, OZ, EK, TG 등등)
- Rule : 항공 운임 규정 번호
- GI : 방향 지표(Global Indicator)
- MPM : 최대 허용 마일(Maximum Permitted Mileage)

IATA ROE 확인

- 1년에 4번, 3개월에 1번씩 고지되는, 출발지 국가의 통화를 항공 운임을 표기하는 공통 화폐 단위인 NUC로 변환시키는 요율

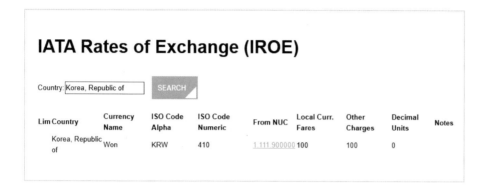

IATA Rates of Exchange (IROE)

Country: Korea, Republic of   SEARCH

Lim Country	Currency Name	ISO Code Alpha	ISO Code Numeric	From NUC	Local Curr. Fares	Other Charges	Decimal Units	Notes
Korea, Republic of	Won	KRW	410	1.111.900000	100	100	0	

☑ 항공 운임 표기 예시(GDS-Amadeus)

```
----------------------------------------------------------
      AL  FLGT  BK    DATE  TIME  FARE BASIS      NVB   NVA   BG
  SEL
  BKK KE    651 C    14AUG 1805  COW                   14AUG 2P

  KRW   1101000       14AUG21SEL KE BKK981.15NUC981.15END ROE
                      1122.147682
  KRW      8400-YR    XT KRW 1300-E7 KRW 600-G8
  KRW     28000-BP
  KRW      1900-XT
  KRW   1139300
```

세금 및 부대 비용 확인 Tax, Fee, Charges

- 항공권 발권 시 추가로 부여되는 세금, 추가 비용, 수수료 등에 대한 정보 확인
- 국가 별, 공항 별로 적용되는 세금의 종류와 금액이 다르므로 항공 운임 조회 시 별도로 부여되는 세금 확인
- 적용되는 세금의 예외 조건 확인
- 항공권 발행 시 사용하는 세금 코드 확인
- 승객 타입에 따라 적용되는 세금의 할인율 확인
- 공항세, 보안 검색 비용 등 시설물 사용료 이외의 추가 비용 확인

12.1. Ticketable Taxes/Fees/Charges - General

This Chapter contains various taxes, fees and charges (TFCs) listed by country that are collected by airlines on behalf of government agencies and/or airport authorities. Special codes assigned to identify these TFCs are entered together with the amount in the "TAX/FEE/CHARGE" box(es) of the ticket.

Other surcharges and services fees filed by carriers in relation to the passenger's travel are not published herein as these are not considered taxes/fees/charges imposed by governments or airport authorities. For carrier specific charges, see chapter 5. These carrier surcharges are shown in the ticket as "Q" surcharges in the fare calculation box or tagged with special codes for airlines' own use (e.g. OA or OB in the electronic ticket itinerary receipt)

Other non-ticketable taxes/fees/charges are shown in the Travel Information Manual (TIM) and TIMATIC.

Any tax or charge imposed by government or other authority, or by the operator of an airport, in respect of a passenger or the use by a passenger of any services or facilities will be in addition to the published fares and charges and shall be payable by the passenger, except as otherwise provided in Carrier's Regulations.

12.1.1. Definitions

The following broad definitions have been used as a general guide: to differentiate between a TAX, FEE and CHARGE.

TAX: An impost for raising revenue for the general treasury which will be used for general public purposes.
CHARGE: An impost for raising revenue for specific aviation-related facilities or services.
FEE: Another name for "Tax" or "Charge" depending upon what the revenue is used for as defined above.

Unless otherwise specified, TFCs are levied on single tickets or series of tickets issued in conjunction with one passenger.

For the purposes of interline billing, the following definitions apply:

Interlineable TFCs: this means that the tax may be collected at time of sale by the issuing carrier (not necessarily the transporting carrier), but it is the uplifting carrier who remits the amount to the relevant authority and then bills the issuing carrier for the amount.
Non-interlineable TFCs: must be remitted to the relevant authority by the airline who issues the ticket, and must not be billed on an interline basis.

12.1.2. General Conditions

3 amounts shown in the 'Taxes by Country' section show the decimal units applicable for the particular country, as listed in Chapter 11. For example, LYD1.000 is one Libyan Dinar, and not one thousand.
4 an EXEMPTION to a tax means that the category of passenger listed does not have to pay the tax. An EXCEPTION to a tax means that the tax is still applicable, but is different to the general rule and may have a different amount and/or conditions.
5 Percentage figures refer to the fare transportation value of the document.
6 Some countries do not permit the collection of TFCs on behalf of other countries, and consequently, a carrier may only be allowed to show their own country's TFCs on a ticket. In such cases, the passenger may be required to pay these taxes upon departure from the respective country.

12.1.3. Taxes Refund and Rerouting

The amount originally paid for sales tax can neither be refunded nor used for rerouting purposes without prior consent of the collecting office. The above is valid unless there is any information to the contrary to be found under the country text concerned.
Non-collection of these taxes by the office issuing the ticket, MPD or PTA results in subsequent debits and losses for the carrier concerned.

12.1.3.1. Refunding US Customs and Immigration Passenger User Fees

The Customs and Immigration airline passenger user fees are collected in connection with the arrival and inspection of each passenger aboard a commercial aircraft. Once collected these fees must be remitted generally on a quarterly basis to US Customs and Border Protection (CBP). If these fees were collected for a non-refundable fare ticket and the ticket ultimately is not used (and thus no inspection occurred in connection with it), the Customs and Immigrations user fees are still refundable to the passenger. To facilitate such refunds, it is recommended that airlines inform passengers at the time of ticket purchase that the user fees are refundable even if the ticket fare is not.
If the airline has not already remitted the fees to CBP when the purchaser requests a fee refund, the airline should simply refund the fees for the unused ticket to the purchaser and adjust its user fee collection remittances accordingly. If the airline has already remitted the fees to CBP at the time the purchaser of the unused ticket requests fee refunds, the airline should still refund the fees to the purchaser and deduct the refunded fees from the next quarterly user fee payment due to CBP. The airline should keep careful records of all such adjustments for audit purposes and shall provide CBP with a written explanation for any credits sought for refunded fees.

12.1.3.2. Refundability of US government-imposed taxes/fees/charges

The table below is provided by the US Government Accountability Office which shows government-imposed taxes and fees, their amounts, and agencies' interpretations of their refundability on unused non-refundable tickets.

September 11 Security Fee: TSA imposed this fee per enplanement not to exceed USD5 one-way or USD10 round trip for aviation security inspection services.	Yes
Customs Air Passenger Inspection Fee: a specified fee imposed for the arrival of each passenger aboard a commercial aircraft from a place outside the USA, with certain exceptions, for customs inspection services.	Yes (See 12.1.3.1)
Immigration Air Passenger Inspection Fee: A fee assessed for each passenger arriving at a port of entry in the US or for the pre-inspection of a passenger in a place outside of the US prior to such arrival for immigration inspection services.	Yes. (See 12.1.3.1)
Animal and Plant Health Inspection User Fee: USDA imposes a specified amount per passenger upon arrival from a place outside of the customs territory of the USA for its health inspection services.	Unclear. (See note 2 below.)

Notes:
1 This amount is deposited in the Airport and Airway Trust Fund that primarily funds FAA activities.
2 According to US Department of Agriculture, relevant statutes and regulations are silent as to whether the APHIS fee is refundable on unused non refundable tickets.

12.1.4. Decoding of Taxes

The official names adopted by the International Standards Organization (ISO) have been used as a basis for listing the countries, territories and dependencies of the world. The 2-letter Tax Code shown in parentheticals is as assigned by the IATA Passenger Services Conference Resolution 728.

Afghanistan (AF)
1. Airport Departure Fee (AF)
2. Security Fee (TK)
Albania (AL)
1. Passenger Service Charge (AL)
2. Tirana International Security Charge (HA)
3. Border Crossing Tax (International) (IX)
Algeria (DZ)
1. Airport Tax - Domestic (DZ)
2. Airport Tax - International (XE)
3. Fiscal Stamp Tax (DZ)
4. International Transportation Tax (DZ)
5. Value Added Tax (YB)
America Samoa (AS) - see United States of America (US)
Angola (AO)
1. Embarkation Tax - International (AO)
2. Consumption Tax (CS)
3. Security Tax (MB)
Anguilla (AI)
1. Airport Expansion Tax (EO)
2. Development Tax (EP)
3. Baggage Security Screening Fee (AI)
Antigua and Barbuda (AG)
1. Ticket Tax (AG)
2. Airport Administration Charge (SH)

TAXES / FEES / CHARGES

지리학적 구조 용어 안내

지리학적 구조와 운임 구성

- 여정의 정의는 항공권에서 출발지와 목적지로서 표기한다.
- 출발지(Origin)는 출발하는 처음 도시이며, 목적지(Destination)는 여정의 마지막 체류 지점을 의미한다. 또한, Intermediate Points는 출발지/목적지 간의 중간 지점(도중 체류, 혹은 경유)을 의미한다.

✅ 예제. DUB-IST-X/BJS-TYO

    DUB-Dublin

    IST-Istanbul

    BJS-Beijing

    TYO-Tokyo

- DUB는 출발지, TYO는 최종 목적지이며, 사이에 있는 다른 도시들 IST, BJS
은 중간 지점, 혹은 경유 지점이라고 부른다.
- 여정의 순서는 지도에 표시된 도시들이 화살표가 나타내는 방향으로 이루어
진다.
- 아래 그림에서 IST 도중 체류지, BJS 경유지로 불리우며, 도중 체류지는 24시
간 이상 경유지에서 체류할 경우를 의미하며, 경유지는 24시간 이내 다음 목
적지로 이동하는 경우를 의미한다.

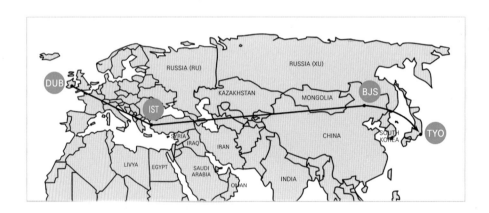

자주 사용되는 용어

- 항공 운임의 규정이나 설명을 확인할 경우 자주 사용되는 용어들에 대하여
살펴보도록 하자.

Term	Description
Between… and…	Between Dublin and Tokyo, or vice versa
Connection	Transfer, no stopover point
Departure	The day/time of the flight on which passenger is booked to travel
Direct Flight	Single Flight Coupon with a single flight number
Fare Break Points	Fare construction points

Fare Component	A Portion of an itinerary between two consecutive fare construction points
Fare Construction point	Terminal points of a fare component, fare break point
Flight Coupon	Segment of a ticket
From··· to ···	Specified where travel originates from and where this is destined to
Gateway	First point of arrival/last point of departure in a country/area
Intermediate Point	Via Point or en route transfer point(Stopover or connection) IST, BJS
Marketing Carrier	The Carrier whose code appears on the Flight Coupon
Sector/segment	Single Flight Coupon

- Between A and B : A와 B지역 사이, 혹은 B와 A지역 사이(예, 서울에서 도쿄사이, 홍콩에서 방콕 사이)
- Connection : 항공편 연결을 위한 환승
- Departure : 출발, 승객이 예약된 여정을 시작하는 항공편의 날짜
- Direct Flight : 직항 항공편, 즉 한 개의 항공편 번호를 사용하는 단일 항공기
- Fare Break Points : 운임 설정 구간
- Fare Component : 두 개의 연결된 운임 사이의 각 구간
- Fare Consturction Point : 운임 설정 지점
- Flight Coupon : 각 항공편 구간
- From A to B : A지역에서 B지역까지(예, 서울에서 도쿄까지, 이는 도쿄에서 서울로의 역방향 여정을 의미하지는 않는다.)
- Gate Way : 어느 지역이나, 국가내의 첫 번째 입국 도시, 혹은 마지막 출국 도시
- Intermediate Point : 환승이나 도중 체류 도시
- Marketing Carrier : 항공편 표기 시 나타나는 항공사
- Sector/Segment : 단일 항공편 구간

저자 소개

김경혜
- 이화여자대학교 졸업
- 한국항공대학교 항공경영대학원 석사과정
- IATA 국제 공인 자격증 보유 : IATA Pricing &Ticketing
  Assisting Travelers with Special needs
  BSP essential for Travel Agency
  Overview of the Air transportation System

전) 타이항공공사(1995~2005) Passenger Reservation &Ticketing
  스칸디나비아항공사(2005~2010) 기업영업총괄 Corporate Sales Manager
  가루다인도네시아항공사(2011~2018.6) 한국지사 여객영업 &마케팅 총괄 이사

현) (주)카사인터내셔널 대표
  백석예술대학교 항공서비스학부 겸임교수(2018~)
  한국 IATA 교육센터 대표 공인 강사(2018~)

장인화
- 동명대학교 호텔관광학과 석박사

전) 대한항공 객실승무원
  윈윈에이에스 김해공항 국제선여객운송 팀장
  경주대학교 항공운항서비스학과 조교수

현) 동서대, 경남대, 부산외대 외래강사

민춘기
- 아주대학교 경영학박사
- 세종대학교 경영학석사
- 서울대학교 농학박사

전) 미국 미시간주립대학교(MSU) 방문교수
현) 용인예술과학대학교 항공서비스과 교수

항공사 운임개론

초판 1쇄 인쇄   2022년 2월 10일
초판 1쇄 발행   2022년 2월 25일

저 자   김경혜·장인화·민춘기
펴 낸 이   임순재

펴 낸 곳   (주)한올출판사
등 록   제11-403호
주 소   서울시 마포구 모래내로 83(성산동 한올빌딩 3층)
전 화   (02) 376-4298(대표)
팩 스   (02) 302-8073
홈페이지   www.hanol.co.kr
e-메일   hanol@hanol.co.kr
ISBN   979-11-6647-195-7

• 이 책의 내용은 저작권법의 보호를 받고 있습니다.
• 잘못 만들어진 책은 본사나 구입하신 서점에서 바꾸어 드립니다.
• 저자와의 협의 하에 인지가 생략되었습니다.
• 책 값은 뒤 표지에 있습니다.